媽咪的鏡子

寫給每一個人的情緒察覺書和自救法

林孝威——著

推薦序

林孝威（Lilian Lin）是英國心理諮商及治療協會認證的心理諮商師，我很榮幸在退休前曾作為她的臨床督導。在這本書裏，Lilian 把她在心理諮商中豐富的經驗濃縮在七篇有趣的故事中，每個故事都經過精心的安排。她以說故事的方式進入每一篇的主題，讀起來非常生動，但與當事人已相距甚遠。這樣做是為了保護當事者的權益，及遵守心理諮商「保密」的原則，我認為她在這方面考慮周詳。

Lilian 希望透過對這七個個案的研究闡述諮商的確能夠幫助許多問題，讀者也能從書中得到一些自救的方法。

如同傳統的故事一樣，每一篇都有開頭、中段和結尾，這個過程和心理諮商裏客戶們和諮商師們互動的過程非常相似。每一位客戶都在這個獨一無二的經驗中面對他們自我發掘的旅程。不同的時期有著不同的挑戰，改變有時不是直接的目標，重要的是如何面對眼前的挑戰，把前面的困難處理

好。從 Lilian 的故事中你可以看出，我們當然都極盡全力做好當做的事，即使是身陷掙扎之中，因為我們每個人在自身的環境裏都是有限的，我們都需要進一步去發掘自己，有沒有因為過去不好的經驗而生成不正確的想法等等。Lilian 解釋了她如何在諮商中引導客戶們增加他們的自我察覺能力以及提供新的思想角度等等，讓他們明白自己是有所選擇的，以輔佐客戶們過得更好或者達到個人的目標。

　　有時人們能認知一些特別的事，又或者人們常常知道該怎麼做，可是卻抗拒去做解決的方法，這時就需要外力來幫助自己接受這新的想法和做法了。在整本書裏，Lilian 透露了她如何溫和的輔佐客戶們認識自己的問題和找出正確的答案；我尤其欣賞她善用隱喻，將一些複雜的情況變成清晰易懂。她能在諮商過程中注意到一些不起眼卻和壓力有很深關係的表現；在許多篇章中她都說明保持平衡在與他人的交往和誠實對待自己上的重要性，例如自我關愛。

　　文章中 Lilian 也提到我們每個人生在世上無法選擇原生家庭，就像電影或戲劇裏的角色，好像情節和台詞都已被預定好了，所以你被迫跟著已寫好的劇本走下去，可是你並不

推繼序

喜歡這個角色,所以非常掙扎。Lilian 在文中解釋了因為這些掙扎而引起的病症,對健康的影響以及它的復原之路,例如焦慮症和憂鬱症的說明。

最後我要說,即使你從沒想過需要心理諮商,這七篇故事都是充滿希望和可能性的暖心文章,你也許能從本書中得到足夠的知識和方法幫助你自己,而如果你正好需要心理諮商的幫助,至少你會瞭解什麼是你可以期望在諮商中得到的。

Dr. Alan Priest

亞倫・皮斯特博士是英國心理治療委員會(UKCP)註冊的心理治療師及英國高等教育委員會的會員。退休前,曾任 Metanoia Institute in London 人本心理治療培訓計劃的主任。退休後仍然承接聖喬治城倫敦大學(City St. George's University of London)諮商心理學訓練計劃的博士生訪問學者及學院督導。

Dr. Alan Priest is a Registered Psychotherapist with the United Kingdom for Council for Psychotherapy (UKCP) and a fellow of the UK Higher Education Authority. Prior to retiring,he was the director of Studies for Humanistic Psychotherapy Training Programmes at the Metanoia Institute in London. He continues to work as part-time as a Visiting Lecturer and Academic Supervisor on the Doctoral Counselling Psychology training programme at City St. George's,University of London.

作者序

聖經以賽亞書五十章四節吸引了我:「主耶和華賜我受教者的舌頭,使我知道怎樣用言語扶助疲乏的人。主每天早晨提醒我的耳朵,使我能聽,像受教者一樣。」這是我從事心理諮商工作的初衷。

在工作當中,深深覺得,雖說每個個案都是獨一無二的,那是因為我們獨一無二的個性,產生出不同的應對方法,但事件本身很多是大同小異的。這令我產生出把一些最平常的問題寫出來,包括如何應對,讓無法來做心理諮商的人也有機會接觸到心理衛生方面的知識。很多時候,你不做,是因為你不知道。我常看見客戶們帶著苦惱來找我,一旦知道了事情的來龍去脈,他/她就釋然了,問題也迎刃而解。當然也有複雜的情形,但一般而言,不做是因為不知,所以我把最常見的問題以故事的方式表達出來 (人物、事件本身和環境都已改變),希望藉此讓更多的人能正視自己的心理狀況,並且知道從何

| 作者序 |

處著手。不要執著於一些專有名詞,要瞭解如何實行在自己身上才能真正受益。如果讀者們感到這本書似乎沒有中心主題的話,你的洞察力一定是一流的,因為的確是沒有。

我的心境在寫這本書的時候,時而沉浸在靜默之中,讓自己的心靈在安靜中沉澱;更多時候是像夜空裏的星星,爭先恐後的閃爍著光芒,急切的要將心中想要表達的傳遞出來。並沒有一個預設的題目,而是跟著文中的故事發展,做了什麼我就寫什麼。我希望讀者們能有身歷其境的感受,好像自己在諮商室中一樣。

如果一定要說出一個名堂來的話,我想也許強調心理健康的基本功就是本書的重點吧。基本功非常重要,就像種一棵樹,剛種上的時候要在四週釘上木竿支撐,不讓它長歪。你也許需要時不時的修枝剪葉,以維持它的端正。這個工作就是種樹的基本功。人類個性複雜萬千,除了先天賦予的天性,後天的影響更是深遠。舉凡自我認知、自我概念、自我肯定等等自我的內容,影響每個人的一輩子。有時為了這些缺憾,我感到心中疼痛;多麼希望為人父母的人瞭解自己行為的重要,因為幼年時的經驗會跟著我們一生。我以《媽咪的鏡子》為本書的書名也基於此;它是這七個故事中的一個,強調原生家庭的重要。因為大多數的人都在反覆著他們父母親的行為,或被父母的個性所影響著。我也多麼希望人們不再以情緒作為一切事情

或動機的源頭，縱然天生每個人的耐受度不同，但這耐受度不也常常是鍛鍊出來的嗎？優渥的環境容易養出公子病或公主病，而自我反省正可以平衡這種心態。

我只能說，你是可以自己鍛鍊的，你是可以自我學習的，你是可以幫助自己的，因為造物主給我們的是勇敢堅強的心而不是軟弱懼怕的心。

人生路上需要智慧，箴言第一章第七節寫道：「敬畏耶和華是智慧的開端，愚妄人藐視智慧和訓誨。」

我必須承認，基督信仰豐富了我，充實了我內在的缺陷，幫助了我找到生命的方向，給了我需要的智慧和勇氣。青少年時認為自己是個早熟的人，及至中年，才越來越感受到自己原來是一個非常慢熟的人。感謝神的帶領，讓我悟出了些許的心得；在這個深邃而沒有盡頭的內心之旅中，願與你共勉。

林孝威 *Lilian Lin*

CONTENT 目　錄

004 **推薦序**

007 **作者序**

為什麼沒有人追我？
014 **哥兒們能變成男朋友嗎？**

- 當感到心中疼痛，就盡量的哭吧
- 花園的比喻
- 邊界(Boundary) 是一層保護網
- 自我責任 VS 寄望別人
- 學習愛自己

> 你可以這樣做

031 給自己的花園打分數~哪些要增加，哪些要除掉？
032 情緒管道的疏通需要其他幫助

愛惜自己的3個方式：負起責任、學習愛自己、接受自己

媽咪的鏡子
036 陰晴不定的暴怒母親

- 憤怒情緒的調整以及為什麼會生氣？
- 什麼是自我狀態模式？
- 自我狀態模式影響人際關係
- 自覺
- 自我狀態模式的轉換

> 你可以這樣做

053 **增加自我概念和自我肯定**
055 **重新認識自己**

肯定自己的2個方式：讚美搜集本、用標語重新打造

孤挺花
058 如影隨形的焦慮症

- 被羞辱——言語家暴的受害者
- 當伴侶是「自戀形人格」時
- 重建內在的自己
- 內在的小孩
- 害怕孤單

> 你可以這樣做

070 **更新情緒～對你的內在小孩說話**
071 **更新情緒自助篇**

當負面情緒來臨時請這樣做：對自己說正面的話、鼓勵自己、思想教育。

悍妻
074 一定要吵贏 強勢的妻子

- 爸爸討厭我
- 孩童期的應對機制
- 悍妻
- 自卑的影響
- 如何更新情緒？
- 什麼是自覺和自省？

你可以這樣做

- 089 如何加強自覺和自省的能力？
- 090 是什麼攔阻了你的自覺和自省？
- 092 婚姻諮商
- 093 再談自我狀態
- 094 溝通
- 095 溝通唯有從成人狀態出發

接收訊息第一步請這樣做：練習以成人的狀態來接收訊息

幫幫我啊媽媽！
098 為什麼又要我原諒

- 混亂吵雜的童年
- 無怨付出，可能是缺愛
- 幫幫我啊媽媽！
- 原諒自己

你可以這樣做

- 111 如何原諒自己？先瞭解自己的情緒
- 111 是罪惡感還羞恥感
- 113 難以原諒自己的原因
- 115 原諒他人，是一種決定

如果無法改變他人，就要改變自己看事情的角度

樂觀者的憂鬱症
120 對任何事突然失去興趣

- 用自殘解脫絕望
- 霸凌
- 堵塞的情緒如何誘發憂鬱症
- 被憂鬱症所苦的名人們
- 罹患憂鬱症的不同輩體
- 憂鬱症的種類
- 躁鬱症

你可以這樣做

148 憂鬱症的治療
148 藥物治療
149 心理諮商或心理治療
150 正面思想－正向的自我對話
151 營養素療法

縮短憂鬱影響請這樣做：
有時不要太倚賴情緒

男人愛哭
158 容易掉淚的男人不堅強？

- 解除焦慮 7－11 深呼吸法
- 焦慮又敏感
- 找尋焦慮的根源
- 過度敏感就像一個敞開的傷口
- 不要輕易給自己貼標籤
- 焦慮症是什麼
- 慢性焦慮症帶來的身體現象

你可以這樣做

181 威克斯醫生治療焦慮的四個進程：面對、接受、漂浮、讓時間過去
183 如何做到不要害怕？

當焦慮來臨你能為自己做的事：告訴自己沒甚麼、面對焦慮4步驟、情緒是恩賜

為什麼沒有人追我？

- 我是沒有人追的女孩
- 當感到心中疼痛,就盡量的哭吧
- 花園的比喻
- 邊界是一層保護網
- 自我責任 VS 寄望別人
- 學習愛自己
- 給自己的花園打分數
- 情緒管道的疏通需要幫助

哥兒們能變成男朋友嗎？

小常大學剛畢業，幸運的找到了一份工作，對一直經濟拮据的她而言，無疑是天大的好消息。公司的待遇並不高，但這是小常第一次擁有能夠存錢的機會，所以現在的她興奮極了；何況這份工作需要她經常出差，對於一直在小地方長大的小常而言，這是一項更大的吸引。她渴望到不同的地方，看看不同的風土人情；想到能和許多不同的人交往，她的心不由得飛躍起來。

小常大學時有一個哥兒朋友阿吉；他們同進同出了好幾年。小常很喜歡他，幻想他們能成為一對戀人，因為和他在一起的時光真是太美好了，阿吉常常逗得她笑聲連連！更何況阿吉連非常私密的問題都告訴她了。他告訴小常他有時性起會和不同的女孩發生關係，他還有看 A 片的嗜好………，她為阿吉沒有少操過心，還為他找了心理輔導，因為她實在太喜歡他（或者太愛他）了，連這種極醒目的缺點她都可以包容，而小常自己是非常潔身自好的。

後來阿吉決定以交換學生的名義去美國一年,臨行前,他們見面。小常睜著大大的眼睛問阿吉:「要不要我做你的女朋友?」

　　但阿吉只帥帥的回答她:「我還沒有準備好。」

　　他們有很多共同的朋友,那些男生們也對小常非常好,有一個男生甚至經常買花等在小常回宿舍的路上送給她,或者買些外賣去宿舍找她聊天,但他們都是小常的哥兒們。他們無疑都喜歡小常,因為和小常在一起覺得自在、沒有拘束。他們都正處在談戀愛、如夢似幻的大學生涯中,但是從沒有一個人動心起念要追求小常。

　　這也是小常對自己的疑問,因為她心裏想死了啊!她多麼希望有那麼一個男生能把她當作唯一,好好愛她,珍惜她⋯⋯而她心裏那股羅曼蒂克愛人的熱望也能有所歸屬呢?

　　阿吉回來了,還是那麼好看;這一年裏他和小常並不常聯絡,因為他臨行前的拒絕令小常感到發窘;她只從大家口中知道阿吉在美國過得很逍遙、很隨性,有許多女伴。可是他回來後不久,小常竟然聽說阿吉和某女生走在了一起,有了正式的女朋友!

其他男生沒向她表白，小常並不傷心；但阿吉不一樣，她心裏喜歡的只有阿吉一人，她向他表白，並且阿吉拒絕了小常，這是多麼令女生難堪的事！他說他還沒準備好，可怎麼就有了女朋友了呢，而且這個女孩不是她。小常不禁自忖自己一定不如那個女孩好，可是她有哪點比小常優秀呢？

　　小常的家庭並不幸福，父親雖然學識淵博，卻管不住自己的下半身，很早就拋棄妻子和稚女，以至小常在十歲之後就沒再見過父親。對父愛的渴望，催促著她心中尋愛的熱切，但她並不自覺。

我是沒有人追的女孩？

　　在一次出差的旅程中，小常參加一個醫學的座談會，認識了一個有學問的醫學生。可能小常的直率和幽默吸引了他，總之兩人開始了遠距戀情。醫學生很能說也很能寫，他總有說不完的話對小常說。兩人談得上天下地，令小常嘖嘖稱奇這位未來醫生的學識淵博；天文地理，時勢經濟，彷彿他無所不知。然而小常漸漸發現她不開心，感到不自在。醫學生

常批評她對事情的看法膚淺，要她多讀書⋯⋯小常心想，我好歹也是大學畢了業，有穩定工作的，怎麼他如此不待見自己呢？有時醫學生的口氣高高在上，令小常感到自己非常渺小，好像她的存在只需是個聽眾，他說如何就是如何，沒得商量；小常不需有想法，只要聽就行了。 她慢慢受不了了，終於爆發了激烈的爭吵，醫學生把一切都怪罪於小常，他們接續筆戰； 能說善道的醫學生把小常罵得體無完膚，信心全無。

　　此刻的小常已經沒有了自信， 本來生活的環境已經使她的求學階段感到不確定，她時常擔心因為無法正常繳付學費而被迫停學，心裡充滿了不安定感。現在這個見多識廣的男人又把她罵得七零八落的，小常感到抑鬱、恐慌； 出差不再使她興奮，她心裏很悲傷，因為她也曾幻想過醫學生能成為那個使她圓夢的人！仍舊是失望，「我一定是很不如人」，小常心想。好多的問題縈繞在她腦海裏，令她感到不解和困惑。

11月的一個下午，小常出現在我的諮商室中，她看起來無精打彩，說她剛從北部出差回來，此刻正了無生趣的坐在我的面前，像極了一個飽受壓抑的小女孩。談到激動之處，大眼睛裏滿了淚水，一顆顆的淚珠從漲紅的雙頰緩緩滑落。

　　我感受到她心裏尋愛的真切，這也正是許多女孩子們內心的想望；誰不願意有一個人能好好愛妳，寶貝妳、疼惜妳、包容妳，把妳捧在手心呢？而女孩子們天生被賦予的母愛也需要有地方付諸行動啊，所以愛和被愛是人性的基本需求，只不過大部份的人因為內心對愛的渴望太強烈，以至太注重於尋找能給她愛的這個人，反而忽略了自身對自己的責任。當我提到「責任」二字的時候，小常愣了一下，因為她一直認為自己是一個自愛，對自己負責任的人。

　　「我一直都很自愛的啊，我的生活環境不允許給別人添麻煩……」她不解的問道。

　　「我瞭解，小常，我知道妳從小一定就是一個非常乖巧懂事的女孩，盡量不讓媽媽為妳擔心，對嗎？」

　　這無疑觸動了小常心中的酸楚，她一邊點頭，一邊眼淚不聽話的奪眶而出。可以想見從小她是在情緒壓抑下長大；

她的人緣好在於她擅於察顏觀色，習慣性的討好他人，因為這是她從小學習來的。不要麻煩媽媽，媽媽已經有夠多的麻煩；以這個信念為前題，小常從很小就試著解決自己的各種問題。天曉得她這一路走來究竟受了多少白眼，承受了多少揶揄和訕笑，接收了多少的委曲。就這一句短短的問話，她哭成了一個淚人，她需要把心裏的酸楚都傾倒出來。

當感到心中疼痛，就盡量的哭吧

良久之後，小常恢復了常態，她不住為自己的失態道歉。其實這是再正常不過的過程，當你感到心中疼痛，就盡量的哭吧，哭泣也是一種療癒。有一個說法描述神愛我們，祂瞭解我們所經歷的一切事；當我們哭泣的時候，神是知道的，祂把你所流下的每一滴眼淚都裝進了一個晶瑩剔透的小瓶子裏，存在你的資料庫中，祂不會忘記。

當我告訴小常這個小故事時，她羞澀的笑了，於是我得以向她解釋負起自己的責任和她觀念裏的自愛有何不同。

「如果你有不滿意自己的任何地方，要做的是先改變自

己的這一方面(例如壞脾氣,或老對事情耿耿於懷等等),而不是把注意力放在別人身上,希望從這個人身上去彌補自己的不足。」

我常用花園來比喻內心渴望愛情的女孩子們;此刻我也正對小常解釋著這個比喻。她亮晶晶的眸子專注的盯著我,我知道她正聚精會神的聆聽著。

花園的比喻

英國人酷愛園藝,各處都有許多花園;從三月份開始各種各類的花朵按著季節一一開放。他們喜歡拾花弄草,也喜歡人們來欣賞他們辛勤的成果,因此很多花園是免費參觀的。花園裏繁花似錦,看似有些野趣,但這份野趣其實是特意營造出來的,這是與法式庭園很大不同的地方(這是題外話)。

每個女孩都像是一座花園,需要裏裏外外的付出辛勞,裏外兩類工作相同重要,缺一不可。如果妳把自己想像成一座美麗的花園,會有許多工作是別人看不到卻是必須的,例如翻土、施肥、栽種等等;這些粗重的工作是花草樹木能否

成長茁壯的基本條件。如果運用在個人成長上就比如是自我價值、自尊、自信、自重等等健康心理的基本配備；這類工作隸屬於內在的工作。

外在的工作相較而言簡單一些，適度的妝容、合宜的衣著、談吐、適合的髮型，就好比定期澆水，修剪雜枝和草坪，這些工作對於維護一個花園同樣是不可或缺的。

妳想像一下，當花朵綻放，人們絡繹不絕前來賞花的時候，出現了幾位不遵守規定的魯莽之徒。他們不知道珍惜所見，踩踏在明明圈起來，並且有告示牌說明這區的草地在維護中，請勿踏入；可是他們視而不見，照樣在裏頭走動跑跳；或是隨手攀折花木，妳會如何對待這樣的人呢？

「請他們出去！」 對極了，妳的花園裏不歡迎這樣的人！

但是當他們離開之後，妳是否擔心沒有人會再青睞妳的花園，從此妳將承受孤單之苦，因而感到傷心落淚呢？

邊界 (Boundary) 是一層保護網

很多女孩明白她們的邊界不夠清楚，或根本沒有邊界，

可是又擔心如果堅守自己的原則，這個男生可能就會離開自己，不理自己了，然後就只能孤孤單單一個人了，所以將就別人。他人的不尊重，不體諒，她都能替別人想出藉口，讓自己安心的接受這不公的對待；許多虐待型的關係就是緣於此種姑息的心態。

我們要想想，是什麼使女孩們姑息這種對自己有傷害性的人？她們並不喜歡被看扁看低，或被當成工具一樣的呼之即來揮之即去的對待。但她們會安慰自己，只要他高興我就值得了，我的愛不求回報等等……或者她會告訴自己，只要別人開心我就感到開心，他們開心讓我感到我的人生很值得。很值得嗎？被人踩在腳下是一種什麼樣的滋味？妳真的甘之如飴嗎？或是妳有心無力？

沒有邊界，常常讓人不珍惜你對他人的好。以小常為例，她對阿吉可好了！她為阿吉付出了朋友之間該有的情和義之外，也擔負了他的母親和老師的工作。為了讓他開心，小常

可以不吃不睡，省下和同性朋友的相處時間，以阿吉的時間為主。阿吉感激小常，和她很親近；但他並沒有期望小常這麼一邊倒的對他好。

如果妳的花園夠漂亮，必定能吸引人來接近妳；他們會想要認識妳，和妳做朋友。如果妳的花園不夠漂亮，那麼就該自我檢討。我們都被賦予了完全的自由和權力去經營自己的花園；這和經濟好不好、生來漂不漂亮都沒有關係。為什麼我的花園在我自己的經營之下顯得這麼荒涼？我有盡力嗎？究竟我哪裏沒有做好？是懶惰翻土、施肥或是沒有定期剪去枯乾的花朵草葉？種植花草是最現實的一件事，花一分功夫，就看得見一分的成果。如果妳的花園不夠繁茂，也許應該想想看花園裏需要除去什麼或是加添什麼？只要能把自己的花園管理好，它必定不會令妳失望的！把這座花園比喻成自己，妳自然就是一位充滿自信的美麗女子！這就是前面所提到的「如果妳不滿意自己的任何地方，要做的是先改變自己的這一方面，而不是把注意力放在別人身上，希望從這個人身上去彌補自己的不足。」

談到這裏，需要解釋一下所謂內在的工作是哪些？心理

健康的基本條件有哪些呢？

自我責任 VS 寄望別人

　　每個人活在世上是有責任的，最基本的就是對自己的責任。如果一個人認為他 / 她終於找到了這個能彌補他 / 她不足的人，又幸運的和這個人墜入情網，新鮮激情能使你們的感情撐一陣子。但事實是，沒有人能真正補足你的不足。如果把你的需要建立在別人身上的話，早晚都要失望的，不論這個人是誰。他 / 她可以是你的伴侶、你的父母、兒女、家人，或是你最好的朋友，最得力的助手；因為這份擔子對於任何人而言都是太沉重，而我們都只是凡人而已。生命中，每個人已經有屬於自己的擔子要承擔，實在無法也難以承受額外的負擔了。

　　如果有一天，你突然意識到，你心目裏的他 / 她令你感到失望，你會很不開心。因為你覺得這個你寄予厚望的人不夠瞭解你，不夠重視你，甚至不夠愛你；這時可能需要想想，是不是你忘了，滿足自己本來就是自己的責任？

學習愛自己

怎麼樣才叫「愛自己」？愛自己就是有很強的自尊心或是自私嗎？

有些非常善良，非常樂於助人的人們，當他們腦中一旦出現「愛自己」這三個字時，馬上就聯想到：那是自私的。因此他們盡量不去做自私的事，但是這種無私的行為，恰恰反射了內心裏渴望人們也能以同樣的態度對待他們。可是人類畢竟天生是自私的，所以這些善良的人們就在良心不安和失望之間徘徊。

「愛自己」不是自私，而是自愛，尊敬自己，看重自己，但卻沒有過強的自尊心。過強的自尊是因為自卑而造成的，和這裏所說的自愛是不同的，至於自私就更遙遠了。持有這種想法的人是被自己的道德觀所綁架了，也有可能在他們成長的過程中，曾經被訓斥過這樣做是自私的行為，所以這個印象此後一直跟著他 / 她，在後來的人生中造成困擾。

一個人必須看重自己，所謂自重而人重之，自愛而人愛之；就說明一個人希望別人怎麼對待你，就應該怎麼對待自

己。你要自己尊重自己、自己重視自己、自己接納自己，包括所有的優點和缺點。要做到這點，「瞭解自己」應該是前題，還要能好好善待自己。對自己不要太嚴厲；如果不小心做錯了事，對自己寬容一些，要能原諒自己。

　　試想，你就是自己所最親密的人了，如果遇見了不合理的事還對自己嚴厲，批評自己這不好那不好的話，內心裏的自己將何去何從呢？所以要常常對自己說正面的話，沒人給你加油打氣，就要對自己加油打氣，對自己說「你做得真棒，我以你為榮！」

　　和自己的內心融洽相處，這樣的人自然能和他人也相處融洽，這些行為和思想就是愛自己的表現。

　　追求愛情沒有錯，但是心裏若是有疙瘩，或是仍然被隱藏在過去的傷心事所影響的話，這條追求愛的路程將走得格外顛簸，甚至受傷。

　　既然是這個人生花園唯一的園丁，辛勤的照管它，好好

的規劃，好好的種上好看的花草；辛勤的維護它，草地維持得綠油油的，花開的時候彩色繽紛，滿園花香。蝴蝶蜜蜂成群的在花叢裏穿梭飛舞，人們也爭相的進來賞花。有些人不自愛又自私，竟然隨意摘花，踐踏維護區的草地；妳這個做園丁的是不是要把這些人趕出花園，不歡迎這種人來賞花呢？妳不會在意失去他們，因為他們不懂尊重。妳知道有更多的人排隊想進來賞花，妳有選擇的權力。

　　但要是妳不打理花園，任憑滿園荒廢；好不容易盼到一個人進來，卻只是進來歇歇腳，而且看到周圍的敗落，迫不急待就想出去。他不會愛惜花圃裏的花，因為花圃裏長滿了漫天高的野草，樹上的枝子也是任意折下，他的腦海裏不會有愛惜這兩個字，反而他小心翼翼的注意別讓什麼有刺的東西扎了手腳………。這個光景，是不是很像妳盼望了半天的人，妳衷心的期待，卻換回他的不知珍惜？「狼心狗肺！」妳憤憤的說，紅著雙眼，心淌著血。

　　和上一個景象相比，是不是太諷刺？如果不充實自己，不愛惜自己，卻希望妳的男友或丈夫能給妳心裏渴望的愛，是非常不切實的。因為貧瘠的內心留不住人，也或者他會被

妳的索求給嚇走了。所以女孩們一定要有完整的自己，在心理健康上要加強，不要隨意把心理尚有大缺陷的自己拋入情海；如果妳心理帶著重傷，這很可能會使妳受傷更重。要成就完整的自己需要一點時間；這裏並不是說要達到內心完美的境地，而是，如果你感覺到某種特別不喜歡的思緒或習慣，經常影響到自己的行為或想法，先把它弄清楚或改掉，以免造成一個難以避免的模式，以致每次都有相似的結果，這時就要注意了。

當然也有一些例外；比如妳認識了一位超療癒、超耐心的男友，情況有可能返轉；但對於大眾而言這種幸運彷若天方夜譚，發生的機率是很微小的。

小常聚精會神的聽完了我的比喻，嘆道：「我從來沒聽過這樣的比喻，很貼切呢！我終於瞭解了！以前我太專心在別人身上，以為找到這個人就圓滿了，其實我做顛倒了！」

之後我們的工作針對在如何增強她的自我概念和提昇她

的自信心等方面；她很認真，進步神速。在我們的諮商結束後，我接到她的訊息，告訴我她終於有了男朋友，是一個懂得尊重她、愛惜她的人。這條情路當然不可避免也會遇見挑戰，但是它的開始畢竟是十分健康的，這也給他們的感情墊下一個穩固的基礎，我為小常感到到欣慰！

> 你可以這樣做

給自己的花園打分數～
哪些要增加，哪些要除掉？

讀完了小常的故事，我們來為自己的花園打分數吧？妳會給自己的花園打幾分呢？

如果從 1—10，10 為最高分，1 為最低分，大部份的人可能會說「我不很滿意花園的現狀欸」；沒有關係，依照現狀，本著誠心，給自己的花園打分數。這是一件私密的工作，只有妳能給自己的花園打分數，因為唯有妳最瞭解自己。妳給自己 10 分、7 分 或者 5 分？為什麼給自己打這個分數呢？相信妳有妳的理由。

現在妳已經對妳的花園有了全方面的瞭解，為了更加美化它，不妨檢視一下，有什麼是不需要的，妳想去掉它；或者妳意識到還需要加進去某種東西呢？這份工作內外需要兼顧，而內心的工作多於外在的工作，時間上也較長一些。

我們提到了自覺，內在自我、自我概念和自我肯定等等，還有合理的自尊心，不要太高也不要過低。那麼自信呢？ 還

有自我價值等等各種不同內心世界的工作。聽起來很複雜，其實主要就是要愛自己，接受自己，喜歡自己。能和自己和平相處，也就能和別人和平相處。

如果妳說「我不喜歡自己」卻說不出所以然來，建議妳尋求心理諮商的幫助；因為妳的情感通道可能堵住了，不太通暢，需要疏通。又如果妳清楚知道為什麼不喜歡自己，也許可以通過自我省察，或和靠得住的好友談談，再不然還是找心理諮商師來協助妳吧，因為它影響著妳一切的思慮和作為，對生命的品質而言是非常重要的。情緒的通道就好比水管，剛堵住的時候沒有大礙，就是水流速度變慢了，但仍然有功能的。如果不去管它，堵住的地方只會越來越大，最終就是水管爆破的結果。

情緒管道的疏通需要其他幫助

我們都聽過「時間是最好的良藥」這句話，好像時間久了，這堵住的水管就會自動疏通似的，因此許多人採取順其自然，企圖故意忽視它或特意壓抑，心想只要不去想它，時

間一久它就自然消失了。這就好像期望堵了的水管能自己疏通一樣，不是完全不可能（有時的確是看到奇異的事，自己通了），但大部份它只會越等越糟糕。在我的工作中，經常看見5、60歲的人仍然受到情緒的勒索；而這些事都已經過去幾十年了，但他們還沒從那時的傷痛裏走出來。這許多年的光陰，他們的心一直是疼的。

當然人與人之間是不同的；很多人經歷了巨大的挫折，也沒見找人幫過忙，就自己思著、想著、揣摩著，走了出來，有些人內心就是如此的強大！對於事件消化的過程和先天的基因、個性以及成長的環境有著不可分割的關係；但大部份的人還是需要一些幫助。尋求專業諮商師的幫助能夠縮短自我摸索的時間，但不論是從哪一個管道得到的幫助，自我的反省和自己的決心都是必須的條件，再加上對自己負責任的程度，你一定可以做到的。自助天助，也就是說，只要我們能自覺到在哪方面需要加油，並且下定決心去學習和改變，

不期望別人來幫你做什麼，擁有一個健康的心理並非天大的難事。老天爺對一個真心幫助自己向上向善的人，是不可能吝嗇的，這給我們的未來賦予了希望，而這個希望的鑰匙正握在你的手中。

愛惜自己的 3 個方式

❀ 負起責任，不寄望他人。
愛和被愛是人性的基本需求，大部份的人因為內心對愛的渴望太強烈，以至太注重於尋找需要的這個人，反而忽略了自身對自己的責任。

如果有不滿意自己的任何地方，要做的是先改變自己的這一方面（例如壞脾氣，或總是對事情耿耿於懷等等），而不是把注意力放在別人身上，希望從這人身上彌補自己的不足。

❀ 學習愛自己。自愛不是自私，而是尊敬自己，看重自己，沒有過高或過低的自尊心。

❀ 喜歡自己，善待自己，接受自己，和自己和平相處。

媽咪的鏡子

- 我是媽咪的鏡子
- 憤怒情緒的調整以及為什麼會生氣
- 什麼是自我狀態模式
- 自我狀態模式影響人際關係
- 分手不是命定
- 自覺
- 自我狀態模式的轉換
- 內在的自我
- 增加自我概念和自我肯定
- 重新認識自己

陰晴不定的暴怒母親

　　一個風光明媚的下午，後花園裏一群女生嘰嘰喳喳，時不時的傳來一陣陣的笑聲。舖著黃白格子桌布的桌上擺了滿滿的蛋糕和各種可口的小點心，還有媽媽珍藏的精美茶具，春子的母親正在款待她的好友們在後院裏喝下午茶。春子的媽媽十分好客，對人親切熱情，所以人緣很好。春子此時正呆在房間裏聽音樂，耳機把樓下傳來的吵雜聲屏蔽。每當媽媽的朋友們來家裏，只要她不上學，大多她都會跑去同學家。今天要不是她的好友玲玲有其他事，她也一定會跑到她家去的。

　　春子的姊姊卻相反，只要不去學校，她都不願錯過這種機會。姊姊喜歡做蛋糕；只要有朋友來，媽媽除了店裏買來茶點，也喜歡自己做一些，所以姊姊義不容辭的幫忙。正當大家興高彩烈的享受著點心的當下，一聲響亮刺耳的爆破聲從廚房傳來，一陣寂靜後，出現了母親高分貝的吼聲：

　　「妳幹什麼！」

「沒用的東西,只會給我添麻煩!幫一下忙就好了不起,妳究竟神氣什麼!有什麼好神氣的?把我最喜歡的磁器砸了,這下妳開心了吧?滾滾滾!」

這聲音可真響亮,如此高的分貝,春子的耳機都沒能遮住。她猛的翻個身取下耳機,聽見劈劈趴趴的腳步聲,有人半小跑的往她的房間奔來;碰一聲門被撞開了,是姊姊。姊姊嚶嚶的哭著跑進來在她床上猛然坐下。春子沒有説話,只緊緊抱住姊姊,隨著姊姊的抽泣晃動著瘦小的肩膀。這年春子9歲,姊姊11歲。姊姊不小心把裝滿了熱水的茶壺摔到地上,媽媽最喜歡的那只繪著花鳥鑲著金邊的茶壺在瓷磚地上摔了個粉碎,熱水噴灑了四處。

姊姊此刻又驚又懼,尤其感到丟臉,媽媽竟然在那麼多人面前大聲罵她,而且,她真的非常難過,因為媽媽説她了不起……,她並沒有覺得神氣或了不起,不明白為什麼媽媽會這樣説她?而且她知道母親最愛這只茶壺,被她打破,本就非常傷心了,可是媽媽竟然説她很開心,媽媽太誤解她了!姊姊感到好委屈,所以她哭啊哭的……

只聽到樓下吱吱喳喳,媽媽的朋友們想必都湧進了廚房

幫忙清理。事後她們又坐下聊天，好久以後才各自回家。直到他們都離開了，媽媽才想起問姊姊有沒有受傷？此刻母親的氣已經消了，又變回一個慈愛的媽媽了。

我是媽咪的鏡子

春子母親的問題就是她無法控制自己的脾氣，經常無預警的大發雷霆，而且不管身在何處；任何場合只要脾氣來了就劈頭一陣亂罵，每次生氣所說的話也都十分傷人。上述的下午茶場景只是其中的一個例子。春子和姊姊在這樣的環境裏成長，不知不覺多少都受到母親這種行為的影響，她們見怪不怪，以為一旦生氣，就照樣發出來，這是唯一的方法。

春子的父親是個很安靜的人，不知道當時他是怎麼和春子的母親陷入情網而結成夫妻的？但他很快就因受不了而離開了這個家，留下春子和姊姊在母親身邊。從小到大這一對難姊難妹會在母親暴怒的時候，把自己鎖在房間裏，相互依偎，一起躲避這場暴風雨過去。她們會互相安慰、互相打氣，這時她們格外想念爸爸。憤怒中的媽媽會口不擇言的對她們

人身攻擊,彷彿和她們有著深仇大恨似的。怒火過後,媽媽回復常態,有時也會向她們道歉,可是下次又是一樣。

兩姊妹對母親這種性格深惡痛絕;兩人互相發誓長大後絕對不要和母親一樣!可是她們沒有察覺,自己竟然不知不覺的承襲了和媽媽一模一樣的脾氣,有氣就發。好似母親的鏡子,生氣時的想法和做法,就好像鏡子裏反映出來的母親!從來沒有想要控制脾氣;有時發完脾氣有愧疚感,但大部份的時候沒有感覺,因為已經習慣了。直到長大後在感情的路上被拋棄,男友因為受不了她們的脾氣而提出分手,兩人才明瞭到這個壞習慣殺傷力如此強大;但此時已深陷其中,束手無策,只有深深的沮喪。

憤怒情緒的調整以及為什麼會生氣?

憤怒是一股很強大的能量;生氣的時候不鼓勵把氣壓回去,應該讓它從健康的管道發洩。唯一要注意的是,當這股氣出來的時候不會傷害別人也不會傷害到自己。

生氣吼叫、謾罵他人、更甚者動手打人這種行為是十分

傷人的；儘管許多人在氣消之後連連道歉，可是真的無濟於事，因為傷害已然造成。即使是最親近的人，也難以置之度外。所以暴躁的脾氣又不知收斂，說它是感情的殺手的確是不過份。更何況如此的謾罵將影響人們內心裏對他們自己的看法，造成多麼歪曲的影響是你生氣時無法估算的。春子和她的姊姊目前看來知道她們暴怒的行為讓男友難以接受，但影響她們更深的是在自我概念和自我價值上的誤解和扭曲。這些我們留到以後再詳談，現在讓我們回到憤怒情緒的調整上面。

「不傷害別人也不傷害到自己」是發洩憤怒這股能量的原則。很多青少年心中有很多不滿和怒氣；他們不知道怎麼去消除自己的憤怒，不能對任何人說，壓力太大，於是開始自殘。拿刀片割自己的大腿或上臂，只要不被人看到疤痕就是安全的。也有人咬指甲，一定要咬到破皮流血，或有人拔自己的頭髮；種種自殘的行為只顯示了他們心中的憤怒、焦慮、困惑和深深的無助！

如果分析為什麼生氣？會發現好多原因都會造成生氣。氣憤常常是由不同的原因所組成，很少只是單單一個原因而

引起。舉凡恐懼、害怕、傷心、失望、窘迫、受困、自憐、羞愧、自卑、羞恥感、罪惡感等等，都能轉變成憤怒。有句台語「見笑轉生氣」這句話就把這種轉換描述得十分貼切。

最先當你意識到老是生氣，無法平靜的時候，要問問自己為什麼生氣？沒有解決的方法？如果是別人老發脾氣，最好的方法就是離開現場，到另一個房間或到戶外走走；溜狗、散步、逛街都可以。只要能讓自己從那個場景中脫出都好，等回去了，那人的氣也消了，那時再看看能否討論一下發脾氣的原因。重要的是你不要把它個人化了，認為這個人發脾氣一定是針對你的。要瞭解可能他無法控制自己的脾氣，這時不要情緒化，一定要好好告訴他：「你這麼生氣，我沒辦法呆在這個房間裏，我得到另個房間去或是得出去走走，等你氣消了我們再談。」千萬不要不告而別，這是會火上澆油，令這人更加生氣的。

如果你是生氣的那個人，當你自覺到你很生氣，快要爆發了，先問問自己為什麼那麼生氣？是這個人說了或做了什麼冒犯了你或所說的話勾起你不好的記憶？這通常是最常見的情形。

我們說過生氣是一股很大的能量，正確的方法是讓它從健康的管道發泄掉，不要強壓下它。所謂健康的管道就是不傷害別人也不傷害到自己。所以運動是使這股能量釋出很好的管道，有些人甚至去上拳擊課；打拳的確是一個發泄怒氣的好方法。要是在家裏，可以到臥室重重的捶打床墊，這也不失一個實用的方法。總之，讓氣出來，不要憋著。

說到憤怒情緒的調整，就一定要提到自我狀態模式；這個理論在人際關係上或自我成長上都非常值得學習。它可運用的情況極廣，是我最喜歡的理論之一。我們將會在不同的案例中使用到它，我的客戶中許多人因為這個理論深有所得，它所延伸出來的方法也相當實際，因此我非常興奮的和各位讀者們分享這個理論。

什麼是自我狀態模式（Ego States）？

這是由溝通分析學派 (Transactional Analysis) 的創始人艾力克·博恩 (Eric Berne) 所創設的一個重要理論。理論本身非常複雜，我們不必全盤擺上，只採用它的基本結構就

足以達到目地了。

它講述每個人都有三個自我狀態模式：家長（Parents）、成人（Adult）以及兒童（Child）的模式。在這裏先把這三個模式個自解釋一下，有機會再將案例套上，便於讀者瞭解。

· 家長（Parents）

這個模式是我們聽到某個有力人士的論調之後，把它當成自己的論調，並沒有經過自己的深思熟慮。通常這個有力人士是相當有權威的人。試想當我們小的時候，父母、師長、或教會裏的牧師、神父、廟裏的上人、師父等等，他們說的話或表示的意見，我們往往照單全收，變成了我們自己的意見，所以難免裏頭包含有個人的偏見。如果一個人經常從這個模式表現的話，常會表現出挑剔的態度。經常批評這批評那，對每件事他都有意見，是蠻令人無奈嫌棄的一種模式。

· 兒童（Child）

這是一個看來像是出於本能的模式。想像一下孩子的行為，他們直接，沒有遮掩。高興就笑、不高興就哭、耍賴、

打人。自我意識非常強，老是我、我、我的，我是最大最重要的⋯⋯。

兒童也非常敏感；他們常用直覺來判斷，做決定，也喜歡臆測，猜想如何如何⋯⋯。一般而言，兒童模式裏有三個明顯的特徵：1. 自我中心。 2. 喜歡臆測而不求甚解。 3. 容易把事情私人化。

· 成人（Adult）

這是最理想的一個模式，但往往需要經過練習而使得它強大。這是一個會替他人著想，同理心很強的模式；能夠以對方的角度來看事情，理性分析，所以不易做出過激的行為。在內在成長方面，這個模式是十分成熟的；有足夠的自信，所以不易人云亦云，也不會太在意他人惡意的批評，是能夠反思而自我反省的模式。

自我狀態模式影響人際關係

這三種模式同時存在於每個人的心裏，表示每個人都有

行使這三種模式的能力，我們也能自由的決定要用哪一個模式來表現自己。兒童模式無疑是最自然的一個，但在個人成長上卻不一定是好事。因為容易以自我為中心，又過份敏感，容易把事情個人化。如果任由你的兒童模式無盡發揮，可能在行為上將形成災難，而內在的自我也形成了玻璃心，不成熟而且易碎，因為過度敏感。

許多人在生氣或傷心的當下會做出不理性的行為，或說出和自己心意相反的話，因為他們被極度悲傷或氣憤的情緒所驅使，發洩怒氣成為當時唯一能做的事，感覺別無其他選擇！

成人的模式則提供了一條新的出路，告訴你仍然有所選擇，並不是無路可走，即使在極度迫切的情況之下。成人模式並不是一個新的模式，它和父母、兒童兩種模式都被造物主同時放在我們的心裏，只不過我們一直忽視了它。不常用它的結果，使我們開始要用它的時候，需要一些額外的努力，稱為轉型。而轉型的工作需要自制的能力；自制能力也是我們與生俱有的一種能力，只要多練習，它自然也能和其他兩種模式深印在我們的下意識裏，這時我們就可以得心應手的使用它了。所謂熟能生巧，所以練習是熟用它的唯一方式。

我希望你知道，已經有許許多多的人經過練習而熟練了成人模式，它在我們的人際關係、對人處世、以及內心的自我成長上都能有長遠的幫助。

分手不是命定

長大後春子的姊姊結婚了，但是也很快又離婚了；聽說是姊姊暴躁的脾氣所致。春子自己則經歷了幾段戀情，可是最後都打了水漂。每次都是男朋友提出分手，因為他們在交往中爭吵不斷。春子很難過，但每次一生氣都忍不住，往往說很多很難聽的話。她會說些刻薄的話謾罵男友，她感覺自己心裏彷彿住了一個惡魔，說出來的話既凶狠又殘酷，但她無力改變，因此感到極端的無助！她眼見母親和姊姊的婚姻都破裂了，自己的情路也走得磕磕絆絆沒有結果；幾次失敗之後，心裏竟然有了這樣的念頭：

「沒有人會真的愛我到願意和我結婚了；我以後也要像我的媽媽和姊姊一樣孤獨終老了……因為我一定不夠好，不值得人愛」。

有趣的是春子的人緣極好,她善體人意,最喜歡幫助別人,所以朋友超多而且愛她。對此,春子內心的想法是:
　　「那是因為她們不了解真正的我,知道以後,就再不會喜歡我了!」
　　她是缺乏安全感的,總感覺好像什麼不好的事會發生一樣,內心裏非常焦慮卻說不出所以然來。她的敏感使她易怒;說也奇怪,她只會針對她的男友發脾氣。其實春子極其體貼,她會為男友做一切事,討男友的歡心。可能因為太投入,每次談了戀愛她就好像丟了魂似的,上學會逃學,上班會找機會摸小差;巴不得每時每刻都和男友黏在一起,完全沒有心思上進或學習。她把自己變成了男友身邊的小女人,把男友當成了自己的救世主。然而她的內心是敏感而扭曲的,往往兩人明明開心的一起看電視,男友無心說了什麼,勾起春子的情緒,她覺得男友在嘲諷她,或認為男友對她高高在上,讓她覺得自己很渺小。先是心裏一陣酸楚,此時她內心裏的自我防衛機制已然開啟,四周無形的圍欄已經一道接一道豎起,腦子裏的想法從傷心已然變成憤怒,於是她的聲調開始提高,嘴裏說出口不擇言的話連自己也感驚訝。

自覺

你猜春子這時的行為，是從她的哪一個自我狀態模式出來的呢？

猜對了，是「兒童」模式。

春子該如何把她的情緒從「兒童」轉換到「成人模式」呢？這需要練習，但最重要的是她要有所「自覺」。

自覺是改變的第一步；試想你都不覺得有什麼地方做錯了，怎麼會興起改變自己的念頭呢？一個人要改變，必須感受到極度不喜歡自己的某種行為，不願意繼續下去，才能下定決心學習新的方法。有意識的提醒自己不要回到舊有的方式，然後經過不斷的練習。當這個新的習慣深印在你的下意識裏的時候，你就做到了！所以沒有所謂的根深地固，牢不可破的說法，只有下不下決心而已——人是可以改變的。

春子已經自覺自己的脾氣要不得，但苦於不知道該怎麼辦、怎麼改？首先她明白了以上三種的自我行為模式。然而在盛怒的當下，如何能將「兒童狀態」轉換為「成人狀態」呢？

自我狀態模式的轉換

　　自我狀態模式的轉換就是情緒的轉換。我們把整個過程放慢，以慢動作來解釋。

　　這天下午兩人正一邊看球賽一邊聊著什麼，男友隨口說了一句「妳就是缺乏見識」，直接把春子的自卑心勾了出來。春子在當地的社區學院畢業後就工作了，幾年來一直從事著文書的職位。雖然待遇普通，但她一個人倒也悠閒，吃住都可自給自足。

　　男友是社會精英，不但見多識廣，在公司擁有高位，是個前途無量的小夥。他常常不自覺的提起在公司如何如何，春子一方面為男友感到開心，另方面自己備感壓力，認為他不太看得起自己的工作，現在竟然又嫌棄她見識不廣……，春子心中莫名湧上一股愧疚，覺得自己以前浪費了很多時間，以至於現在什麼都不是；思想淺薄，又渾渾噩噩，這就是自己的寫照。可是念頭一轉，他有什麼了不起的可以這樣說她？春子開始生起氣來，此時以往所受的所有怨氣彷彿都回來了，春子感到無比的氣憤，她開始提高嗓門罵起男友，怒火中燒

的當下，瞥見男友緊皺的眉頭和瞪大的雙眼，一副不可置信的表情；春子憤憤的從嘴裏溜出「看吧，這就是我，很意外吧？我就知道沒有一個男人真的愛我，你和他們一樣，都是豬！」

　　早在感到悲傷的當下，春子就該自覺到她要生氣了。我們知道成人模式能夠換位思考，春子當時如果能問問自己男友為什麼說她缺乏見識？很可能春子在球賽方面的確瞭解不夠透澈？那她就得多讀些這方面的評論，增加自己的知識度。也或者男友只想專心看球，不想做任何的爭辯，所以丟下這句話想要結束談話？的確在球賽進行中談論球賽以外的任何事都很不當，因為心思都在球賽上。如果春子能這樣想，她就不至於被莫名的自卑感所淹沒而暴怒起來了。

　　「成人狀態」中，你能從對方的角度來看事情，而不是一昧的只以自己為中心來思考，所以一個人如果能多從「成人狀態」看事情的話，會表現得很合理，絕不會自我中心。在自我成長上，「成人狀態」將使你自信，有擔當、自尊、自愛，內心和行為相互協調。一個人也能享受獨處的時光，而不寄望於別人給你帶來安慰或喜樂。

內在的自我

　　春子的內心是脆弱而空虛的；她在自我概念和自我肯定這些方面非常欠缺，她的自尊老早就被母親的謾罵摧毀得無影無蹤。她因此不覺得自己有哪一點好，令朋友喜歡她？事實上，她很在乎朋友對她的評價，所以她常常在討好她的朋友們，當然這個想法是在她的下意識裏進行。這也是為什麼雖然深受朋友們的歡迎，她卻感受不到自己的重要和價值。因為她認為朋友對她的好，是她很努力換來的。春子對自己的自我概念相當負面，在長年的被罵中她對自己的看法已經扭曲了，每天做的事都有點討好朋友之意，內心深處總覺得不這樣的話就沒有人會理她。那種孤單無援又惶恐的心態令她活得非常辛苦，她被自己的心態綁住，卻不覺得，這絕不是她想要的情況！這種負面的自我概念和極低的自我肯定絕對不是她故意扭曲的，而是在她成長的過程中，一點一點形成的。每次挨罵，每次的嚐試，每次的成功或失敗，都在她的小心靈裏留下痕跡，點點滴滴的形成了目前春子的內心狀態。

> 你可以這樣做

增加「自我概念」與「自我肯定」

　　自我概念（Self Concept）是指一個人對自己的看法，態度，意見和價值的評價，也是一個人對自身存在的體驗。這是人格結構中的核心概念，簡而言之就是一個人對自己的認識和形容。

　　自我肯定或自尊(Self-Esteem)包含了自愛感、自重感、自我價值感和自我評價。二十世紀著名的心理學家馬斯洛(Abraham Maslow)強調每個人生下來都被賦予了這項需要，而且這種需要最終應該達到滿意的程度。也就是説一個人有自信，相信自己值得擁有快樂、成就和愛，所以也能夠付諸行動。

　　自我肯定和自我概念兩者在成長過程中都受到環境甚至人際關係的影響。一般而言，有健康的自我肯定心態，將使一個人擁有自信，自然會產生正面的光景，對自己的評價也自然是實際而不流於空談。反之，種種扭曲的看法、想法將

影響到一個人的思想、情緒和行為，對一生的影響太大了，不容任何人忽視它。

這一篇文章裏，我以春子的例子為主軸，把附帶有所關聯的部份都談到了一些。讀者在其他的篇章中可能也會讀到特定的理論或方法，但是你會發現用法有些許不同。我想這樣反而是件好事，因為讀者們能夠因此而更熟悉我想要表達的。理論和方法雖然是硬性的，但使用卻因人而異。不同的人有不同的需要，同樣是自我狀態模式，但諮商師們不可能在每一個案例中一成不變的運用這個理論。所以你一定聽說過「諮商的工作是獨特的，每一個個案都是量身訂作的工作」這類的話，原因就在於此。

希望透過這篇文章，能夠增加讀者們對自我概念和自我肯定有基本的瞭解，現在讓我們討論一下，如何增加我們在這方面的具體方法呢？例如，一個小時候飽受霸凌的人，很容易便影響到他的自我肯定和自我概念的強度，儘管外表無法被人看出來，但骨子裏卻很可能是一個非常負面，對自己相當不看好的人。

就如同水總往低處流一樣，我們所有的感受和想法，如

果是基於很低的自我概念和很低的自我肯定時，它們全部都將是非常負面，令人感到沒有希望，是非常洩氣的光景。如果我們順其自然，讓水繼續往下流，雖然不見得一定要去對抗它，日子也許也還可以繼續過下去；但在這種情況下的你，不能有什麼突破，對未來也無法有什麼期待。

人類是向前進步的，有一天，你的內心終會驅使你很不滿意現況，而鞭策你要向上、要向前。所以你需要擁有一個合理的自我概念和對自我的肯定，做為你的基礎，然後再往上依照你對未來的計劃蓋上房子。

重新認識自己

如果你老覺得自己不夠好，或不值得別人花時間在你身上，或覺得心裏虛虛的，常常感到有心無力，這些都是因為你的自我概念和自我肯定值低下的緣故。這時，沒有必要再去追究是什麼造成了你現今的情況，從現在開始以一種全新的態度看待自己就好了。如果你從沒試過鼓勵自己，那麼開始鼓勵自己吧；如果你從來都不喜歡自己，那麼開始喜歡自

己吧！對著鏡子，好好端詳自己。

「哦，我的眼睛不夠大，不夠有神，嗯，但是我的嘴唇蠻漂亮；從來沒有注意過欸……。」

開始重新認識自己，開始接納自己，雖然你不是十全十美，但一定找得出優點。在個性上也用相同的方法，找出自己的優點和缺點，然後對自己說「這就是我，我喜歡我自己，我愛我自己！」

肯定自己的 2 個方式

❇ **方式 1：讚美搜集本**
可以用一個小本子，把每天人們對你的讚揚記下來，包括他人對你的感謝，都寫在你的小本子裏，做成一本你個人的《讚美搜集本》。過些時候，當你檢視自己所記錄的資料時，那種感受將是欣喜的，你將改變對自己的看法，「原來我也不錯啊」！你會如此對自己説。

❇ **方式 2：用標語重新打造**
還可以用標語的方式想出對你最為貼切的三句話，例如：1. 我的能力很好。2. 我是一個正面的人。3. 我是一個勇敢的人，等等。然後每天入睡前，朗讀這三句話，每句三遍，要用你能聽得見的聲量朗讀。如此，一段時間之後，看看自己在自信上有什麼變化？

把對自己的想法寫在本子裏，要明白現在所寫的只是目前暫時的你。這樣做，會增加你對自己的瞭解；當然會有需要改進的地方，但是一步一步來，這紙上所寫的關於你自己並非就此定案了，因為你會改變，會變得更好。瞭解自己和知道自己哪裏需要改變是最重要的起點；我期望在你讀完這本書時，能夠起碼增加了對自己的瞭解，剩下的就是付諸行動的練習。你不必模仿父母的缺點，而是需要學習新的、好的、健康的方法！祝福你！

孤挺花

- 被羞辱－言語家暴的受害者
- 當伴侶是「自戀形人格」時
- 重建內在的自己～孤挺花的蛻變
- 內在的小孩
- 害怕孤單
- 更新情緒：對你的內在小孩說話
- 更新情緒自助篇

如影隨形的焦慮症

戴安娜一直以來深受焦慮症所苦惱。她自己也不知道究竟是從什麼時候開始的？好像自有記憶開始這種感覺就存在了。

最初她因為丈夫言語暴力來找我；雖然她知道自己有焦慮的情況，但對此她並不十分在意。戴安娜的母親已經 80 多歲了，有著嚴重的焦慮症狀。母親長年服用抗焦慮藥物，也常年接受心理輔導，並沒有太大的不同，症狀仍是時好時壞，戴安娜因此打從心底認為心理諮商輔導對減輕焦慮的效果是不彰的，以至於我們見面的時候她提都沒有提。

見面時，她言詞迫切的說：「我只想知道在這種情形下我該怎麼辦？」顯然她的現況讓她感到很急迫也很茫然，不知何去何從？因為怎麼做都不對；以至她的希望變得如此卑微，只盼望能安然度過今天！

戴安娜的丈夫是個智商很高的人，牛津大學畢業，一直經營著自己的生意，相較之下戴安娜差了很多。儘管如此，

當他們認識的時候，戴安娜也是一個連鎖機構的分區經理，這表示她的實力也是不容小覷的。結婚頭幾年，兩人各忙各的，相安無事。問題開始於孩子出生前後。戴安娜因為懷孕很晚，所以當她得知懷孕的當下就毅然辭掉了工作，希望好好的安胎。然而沒想到的是丈夫的真面目卻因此顯出來了，在他沉默寡言的背後其實是一個相當自戀的男人。

　　他開始對戴安娜挑三揀四，出言不遜，深深打擊她的自尊，彷彿她一無是處；對外又表現出一副恩愛的假象，令她感到非常不齒。孩子出生，是個男孩，先生經常帶著他去看球賽，這算是他一直以來最大的功勞了。直到孩子 17 歲，這個家庭都沒有出門去度過假。這在「有錢沒錢都要在暑假出國幾天」的英國人來說的確是少而又少的特例；更何況他們的經濟不差，住著氣派的大房子。戴安娜儘管心中不滿，可是不敢反對。好在有時她的爸媽去度假時也會帶上戴安娜和小外孫；她的丈夫和她娘家人都處不好，這時正好趁機鬆口氣。

　　孩子大了，在家的時間越來越少，再過幾個月就要離家去上大學。戴安娜心中不捨，同時打算一定得去找一份工作。

先生對她越來越苛刻了,她經常得自掏腰包從以前工作時所存下的積蓄裏提出來貼補。但是找工作對她而言談何容易?她已經賦閒在家快20年了;這其中就業市場改變何其大,而且她一個近60歲的女人,還有機會找到工作嗎?經過一番努力,戴安娜終於在一家律師事務所找到一份前臺接待的工作,這也開啟了她一連串尋求自由的奮戰。

被羞辱——言語家暴的受害者

我注意到在談話的當兒,戴安娜不停的摳她的指甲;於是問她感到緊張嗎?由此才把她的焦慮帶了出來。

坐在我對面的女人心力交瘁,情緒激動;一頭金髮凌亂的落在肩上。本該是一位高雅的女子,可是目前她狼狽的陷在椅子裏,不知道該往何處去,也不知道該怎麼辦?她苦惱極了!飽受憂鬱症所苦的她,經常想要了結自己,就是放不下老來而得的兒子。她沒有一丁點兒的興致做任何事,近來她注意到連為寶貝兒子準備晚飯都有心無力,這件事對她非同小可,她知道一定要尋求幫助了,這才和我約了時間。原

來，她是一個言語家暴的受害者。

家庭暴力有肢體上和言語上的暴力，兩者的殺傷力是相當的。肢體上的暴力顯而易見，很難瞞過他人。言語上的暴力則因人而異，不容易被發現。不論是哪種暴力，受到家暴的一方往往心中像被掏空一般，自我概念非常的低，看自己總是不如人。經常伴隨憂鬱症和恐慌焦慮，旁人則經常因為這人表現出來的過激行為，認定此人歇斯底里，戴安娜就是如此。嚴格說起來，戴安娜所遭受的家庭暴力不算是純粹的肢體暴力，因為這麼多年來丈夫只勒過一次她的脖子，那次戴安娜差點窒息，脖子上還留下兩條黑紫的痕跡。當時不知為什麼她沒有選擇報警，使得她後來後悔萬分。

很多人一定認為是戴安娜的脾氣不好，因為每次聽到的都是她提高嗓門，憤怒的嘶喊，從沒聽過她的先生向她大吼過。常言說，會吠的狗不咬人，不吠的狗才會咬人，一點都不錯。她的先生聲調一直不高，聽起來就像說著平常的事似的。他說話善用隱喻，只需幾句話就可以把戴安娜的人設完全擊垮！戴安娜原本就是傻大姊的個性，這種暗地裏迂迴的方法，每每把她逼得近乎瘋狂。

她的丈夫腦筋很好，像是換著方法折磨她似的。至今她也不清楚究竟先生是有意還是無意的如此對待她？冷嘲熱諷，抓到機會就低貶她。戴安娜早已信心全無，但她經常感到內疚，感到自己沒有存在的價值，她覺得家裏的狗都比她重要，因為至少還有自己來愛牠。老早就想離開了，可是心底害怕孤單；這麼多年她已經變成了一株菟絲花，離開丈夫之後她將如何生存又如何自處呢？心裏有萬般的恐懼，那是對不可預測的未來所產生的害怕，因此她憂鬱也焦慮。可是她拒絕服藥，也許是眼見母親服了藥也不見得多有幫助吧？

　　不願服藥，使得我的工作越顯重要。很多時候和醫生溝通好，服用適量正確的藥物，將使得情況好轉，減去許多自我掙扎的痛苦。可是戴安娜心意堅定，我只好陪伴她一週接一週掙扎著過來。

當伴侶是「自戀型人格」時

　　上面提到戴安娜的先生有自戀傾向，當然他自己不可能去找精神科醫生診斷。自戀人格的人從來不覺得自己有問題，

所有的錯都是別人的!做為妻子,她上網查了很多這方面的資料,我也是依照戴安娜的描述而知的。如果她的先生果真如她所猜測的是自戀型人格的話,她的日子是非常痛苦的,而她的感受也就不言而喻了。

　　針對許多人的伴侶有如此的傾向,我對自戀型人格在此稍做介紹。

　　自戀型人格是一種人格特質,也稱為「水仙花人格」。他們給人的第一印像常是正面、自信、幽默、亮眼、充滿魅力。源自於希臘神話裏的美男子納希瑟斯(Narcissism)神祇。傳說中他非常迷戀自己,經常對著水中自己的倒影出神,最終變成了水仙花,這是 Narcissism(自戀)一辭的由來。

　　每個人在成長過程中或多或少都表現過這種特質,但如果過度自我中心,認為自己最特別,比別人都優秀。在犯錯時,把責任都歸到別人身上,容易攻擊別人,以維護自己的形象;還常常認為自己應該享有某種特殊待遇,因為自己比別人優秀等等。這種情形太過份的話就變成人格障礙了。造成的原因可能孩童時期父母太過寵溺或者被太過嚴厲的管束,受到創傷,長大後產生反叛心理,甚或腦部組織的結構

有些許的改變，都將影響一個人的行為。

　　一般而言，他們內心裏不是堅強的，又不喜歡讓人看見他們脆弱的一面，所以與人相處時，他人很容易踩到地雷；他可能突然暴怒把你痛罵一頓，非常難以預料。在婚姻裏，他不能接受批評，時常對伴侶做人身攻擊或貶低，往往導致伴侶喪失自我，不知何去何從，是極為苦惱，有苦說不出的精神虐待。

　　婚姻裏的自戀型人格可以約略分為六個跡象：

1. **虛假的魅力**：在外人面前顯出的魅力和在人前的恩愛都不算數，等回到家單獨相處時，才現出真面目，情緒虐待才正開始。
2. **不能被批評**：必須維持形象，否則暴怒，對你進行人身攻擊。
3. **控制你**：用一切方法控制你，勒索你。
4. **一切都是你的錯**：因為自己很優秀，不可能犯錯。
5. **只有他自己**：你的需求不被他重視，婚姻裏只有「我」，沒有「我們」。
6. **情感操縱**：也就是煤氣燈效應（Gaslighting），用假訊息矇騙你、困惑你，使你懷疑自己。

重建內在的自己～孤挺花的蛻變

　　內在自我是一個人真實的、私密的、內心的自己。它有別於一切外在的，社會性的或關聯性的自己。內在自我和一個人的自我價值，自我信念和自我的目標及動機緊密的相關，這是造成我們獨特的地方。

　　戴安娜和我花了三年多的時間重建她的內心；這是一個艱苦漫長的過程，當然這個過程的快慢和每個人的自我信念很有關係。開始的頭兩年，她沒能說服自己搬出來，所以我們工作的效果特別緩慢，稍有點進步，等她一回到家又退回原地，因為環境沒有改變。好在她仍然堅持不懈，我們的工作終於看到了效果；她從一株彷彿無骨的菟絲花轉變成一株堅強獨立的孤挺花，其中的過程是漸進緩慢而艱辛的。

　　說到「內在的自我」就一定要提到「內在的小孩」。

內在的小孩（The Inner Child）

　　內在的小孩最初是由瑞士著名的心理學家，也是分析心

理學派的創始人榮格（Carl G. Jung）在《兒童原型心理學》一書中因為研究自己內在竟有著孩子般的情感後所提出的。這個名詞的第一次使用則是由美國的兒童精神科醫生米西迪（W. Hugh Missildine）於1963年在《Your Inner Child of the Past》一書中所使用。他解釋，孩童時的經驗和我們日後長大成人後的情緒和行為是有直接關聯的。

　　內在小孩是由我們孩童時期經歷過的每件事所組成，無論好的或壞的經驗，透過我們當時的感受和記憶記住了當時的情感感覺。由於當時是小孩子，我們極度需要依靠著照顧者（父母或褓母等等），並且深深受到他們言行舉止的影響。所以內在小孩指的是我們兒童時期對週遭的經驗和記憶，在我們內心所形成的人格，也就是內心真實的自己。這個兒時所形成的人格深深影響著我們日後的性格，往往成為解決或認識自己成人後在情緒上所產生的種種問題時的關鍵。米西迪醫生的論述無疑在心理治療這一領域裏指出了一個新而實用的方向。

　　隨著時間的逝去我們長大，這個內在的小孩卻往往不曾成長，他或她很可能因為某些創傷而留在童年時的某處，以

至我們長大後對每件事的反應，都受著這個小傢伙的影響。內在小孩需要成長，最理想的是符合我們的生理年齡，差距越大，在生命裏所產生的問題也越多。真正的療癒，是我們內在小孩的成長。他或她成熟了，你我也就在我們的心理上成熟了。內在小孩的成長並不像我們生理上的成長，它可以因為了悟了一件事或某個創傷的痊癒而突然長大很多。所以內在小孩的成長雖然不容易，但並不是一件不可達成的事。

害怕孤單

以戴安娜為例，我們見面的時候她是 53 歲，但是她內心裏的小戴安娜可能才 5 或 6 歲大。怎麼說呢？在她 5 或 6 歲大的時候發生了一件讓她難以忘懷的事；她只記得當時她的感覺，並且一直到現在她都依稀記得，那是一種無助的感覺；對一個小女孩而言，那種感覺太沉重了，她無法忘卻。孤苦伶仃、無依無靠、無助、無望、恐懼、擔心。這種感覺自此跟隨著她，無論在生命裏的哪一個階段，只要她自己一個人，孤單的感覺很容易就來襲。因此戴安娜從小就不喜歡一個人

獨處，經常感到孤單無依，這也許是她草草決定嫁給這個認識不久的夫婿的原因。害怕孤單不但令她草率的決定終身大事，在發現所嫁非良人之後，也因為對孤單的恐懼，勉強自己留在這段極端惡質的婚姻中承受著折磨。由於對未知的恐懼，她選擇留下；下意識中，她對自己説，「至少這裏我熟悉，雖然痛苦，但我至少感到容易掌握一點。」

你能看出她的三心二意嗎？她並不是有意的。意識中，她極痛恨自己的遭遇，但在下意識裏，她害怕離開後的新環境。所以向前進一步，很容易又向後退一步，以至在原地踏步了很久。你能看見她內心裏的小戴安娜因為對孤單感到無可控制的害怕，而在戴安娜的生命裏所造成的影響了嗎？

這個住在我們內心的小傢伙有這麼大的影響力，難道我們一輩子都得要活在他或她的陰影之下嗎？不見得，但我們需要經常做一件事，那就是更新我們的情緒。

> 你可以這樣做

更新情緒～對你的內在小孩說話

　　我們日常所用的電腦或手機，時不時就需要更新，以便機器更加符合目前的狀況，給予消費者更佳的幫助。如今許多機器都有自動更新的設置，不需要我們花費額外的時間和精力去做這件重要的工作。電子產品的設計日新月異，試想如果沒有更新的動作，可能幾個月新買的產品就掛掉了。

　　既然機器都需要如此，人類的心思意念比起機器不知精密複雜了多少倍，何以心理上的更新不受重視呢？

　　情緒的更新是必須的，我們的肉體隨著時日長大成熟而趨向老化，心理年齡卻跟不上。常常3、40歲了，內心卻仍停留在7或8歲，或甚至更小。情緒不更新，即使到了7、80歲，內在的自己還是個孩子；這和保持童心是不同的，保持童心需要有個成熟的心智做後盾，凡事特意不去斤斤計較，以保持孩子似純真的心。而這裏所說的情緒更新是需要特意的檢視自己的情緒感受，如果察覺到老是有某種負面的情緒，或悲觀的想法，就表示你應該要更新情緒了。正如前面的戴

安娜，在我們的工作之中，發現了她其實一直以來深受恐懼所困的例子，經過專業的輔導，最終更新了她的情緒。這件事其實你自己也可以做到，只要你有自覺心。

更新情緒自助篇

創傷未必都發生在孩童時期；也不是只有小時候的經驗才重要。人生裏每一段時間，所經過的每一件事情都在我們的心理留下痕跡。所謂情緒是有記憶的，它紀錄著每一件事發生時的感受。

你也許已經注意到，在心理諮商的工作裏，經常需要談到你的過去，那是因為從過去你所遭受的事件中，大約可以瞭解到你的個性或追溯你對事情的反應等等；這就是嘗試從你內心的小孩處多瞭解你一些。可是除了一些重大事件，事情並不每次都記的清楚；但在人生軌跡裏所發生的大小事，的確都影響著我們。比如一個人在中學的時候受到霸淩，這給他帶來很負面的影響。如果霸淩他的人是群黑皮膚的人，他很可能變得膽小，將來對黑皮膚或特定的人心生恐懼。即

使大學畢業，結婚生子，事業有成之後仍然如此。如果他自覺到自己的這個恐懼是因為中學時的壞經驗所造成的，可以和自己進行對話，也就是對你內心所住著的小孩說話，安慰鼓勵他／她，讓他／她明白這件事已經過去很久了，你現在不用再害怕擔心了。

「我知道你感到很害怕，因為他們嘲笑你，把你揍得很慘………，可是那是好久以前的事了。現在的你和那時候完全不一樣了，你現在有很好的工作，事業蒸蒸日上，妻子孩子房子都很好，你還練了拳擊，為什麼還感到怕他們呢？再見面他們不可能再打你的，再見面大家一定客客氣氣的。而且，即使現在打架，你未必會輸給他們啊！」

「我要為我目前擁有的感恩，並且好好對待我的家人，每天開心的去工作，過好我的日子。我要讓那個恐懼過去，那時他們也很小，也許他們家裏有些問題，使得他們那麼暴力。現在我們都長大了，我要原諒他們當時的不懂事，我不要再為這事糾結了。」

當負面情緒來臨時請這樣做

如果你有某種負面的感受，例如覺得不如人，這種感覺深深困擾著你，可是你不記得到底以前發生過什麼事打擊了你的自尊，或什麼時候發生了什麼事讓你覺得不如別人，那麼你也可以對自己說：

❋ 「雖然我不記得到底發生過什麼，或者為什麼我會感覺這樣？但是我不喜歡這種感覺，它讓我覺得我沒有用，不夠好，使我覺得低人一截。所以我決定不再讓這種感覺困擾我。我知道我工作認真努力，從來不偷雞摸狗；我也有專業知識和能力，沒有原因讓我感到不如人。我知道我是一個善良的人，每次都是盡我所能的幫助別人。」

❋ 「我知道我的價值，我尊敬自己、也尊敬別人，我愛自己也愛別人，我是獨特的，所以我不該感到不如人。」
如此對自己說話，鼓勵自己。這也是把正面的思想送進你的大腦裏，慢慢對它進行思想教育，它會接收到你所送出的訊息的。你在意識中對自己的內在小孩說正面的話，每次感到恐懼，每次就對他／她說話，過一段時間之後，藏在下意識裏的恐懼終會被趕走的。

我們的腦細胞是經得起訓練的，這是造物主給每個人的禮物，每個人都具有如此奇妙的能力，不要小看了自己。

悍妻

- 爸爸討厭我
- 孩童期的應對機制
- 悍妻
- 自卑的影響
- 如何更新情緒
- 什麼是自覺和自省
- 如何加強自覺和自省的能力
- 是什麼攔阻了你的自覺和自省
- 婚姻諮商
- 再談自我狀態
- 溝通
- 溝通唯有從成人狀態出發

一定要吵贏 強勢的妻子

這裏我們要講另一則家暴的例子,但這次的受害者是位男性,是家中的丈夫,而他的妻子是個悍婦;從字面上你已經嗅到她有多強悍了吧?

她所向無敵,每次吵架一定要贏;說好聽是不服輸,實則是強辭奪理。結婚6年來,小陳已習慣她的囂張,很多時候感覺欲哭無淚,有理說不清,好像兩人活在不同的時空似的。她會數落小陳的不是,每次有衝突都是因為他。他這個不好、那個不良,如果只聽她一人的說法,會認為小陳就是一個人渣。小陳不是沒有脾氣,他只是把氣往裏壓,壓著壓著,等壓不了的時候就暴發了,一旦暴發就不可收拾。他會嘶吼得聲嘶力竭,把牆壁搥得咚咚作響。這不是嗎?他正面向著我走來,彎著手臂吊著固定帶。

雖然才38歲,他看起來卻比實際年齡滄桑很多;從15歲開始患上憂鬱症,直到目前一直斷斷續續的服用抗憂鬱的藥物。因為他把自己的手給打傷了,我們最先針對他應對憤

怒的方法著手。如何調整憤怒的情緒，在《媽咪的鏡子》裏面已經稍有說明，這裏我們要討論的是這段婚姻是如何發生的。

　　陷入戀情的原因和方式有千百種；當然都始於相看兩不厭和兩情相悅，這是任何一段感情成形的基本。但是外圍有許許多多的因素影響著這段感情，使它加分或減分。個人獨特的個性和需求就是其中一項重要因素，在感情的成形中有著至關重要的地位。而個人的個性又關係到一個人心理健康的程度，以及一個人內在的成熟度；這是為什麼有人在感情中感到滿足、喜悅、成長，能夠盡情的做自己；而有些人在感情中感到受限、受苦、倒退，甚至變成了另一個人似的原因。

　　好的戀情應該令人振奮，積極向上；應該能激發人使人向好的方向改變，反之，一個不好的戀情則事事相反。我們常聽見和某人的感情非常毒化的說法，就是因為受到伴侶的

影響，你可能越變越壞，以至自己都不認識自己了。

兩人在一起是一定會互相影響的，所以好則越好，壞則越壞，否則自己就處於一種和內心交戰的狀態，是非常水深火熱的一種情況。

爸爸討厭我

小陳的童年造就了他基本的個性。他的父親很安靜，工作非常勤奮，但從來沒有花時間在小陳身上過。相反的，小陳不止一次的聽見父親說，他從來沒有想要過孩子，他對小陳的態度也是冷冷的。有時令小陳懷疑自己是不是被領養來的？但他有一個同學是被領養的，可是父母都待他好極了，令小陳十分羨慕。小陳的媽媽很強勢，據他自己的分析，他的母親是缺乏安全感，因此有著極強的控制欲。總之，在他小的時候並不感到有什麼缺乏。他和氣，很好說話，不會堅持己見，是一個很好相處的孩子。他有很多玩伴，都是住在附近的鄰居。小時候他們一起上學，下了課騎著腳踏車，在鄉間的小路間來往奔馳，去樹林裏、去湖邊，所有小孩子愛

做的事他都經過了。那時電動玩具還沒有那麼風行，鄉村裏仍然保留著相當保守的面貌。

他的改變應該是從中學時期開始的，時那他的父親有了外遇，忽然離家。對父親的不道而別，而且至此沒有再見過或聽見他的任何消息，真的彷彿從人間蒸發了一般的消失，小陳心理上有很深的痛楚。在他而言，這只向他證明一件事，那就是他從來都不待見於父親。父親從來都不愛他，從來沒有接受過他；這使得他也厭惡自己，覺得自己像是個瘟疫，令人討厭！

可以想見小陳感到何等的自卑；他在父親離家後是如何看待自己的？

高中三年到外地去讀書，因為是新的環境，他適應得不是很好。開始的時候有同學霸淩他，但他並沒感到石破天慌的難受，因為他壓根兒認為自己是應得的。這麼令人厭惡的一個人，不被欺負，誰該被欺負呢？他真是從心底放棄自己了。回看小陳小的時候是那麼的和氣，那麼的好相處，其實和他強勢的母親有很深的關係。正因為母親的控制欲，小陳已經習慣沒有自己的主見，有又如何？到頭來還是媽媽說了

算。他已習慣放棄自己的想法，順著他人的想法做事了。這是他小時候為了順應當時的環境，在他小小心靈裏自己創造出來令自己好過的方法，也就是他小時候的應對機制。

孩童期的應對機制 Coping Mechanism

當我們還小的時候如果碰到什麼難解的事，小孩子自己會被迫創造出各種不同的方法使自己在這困難的環境中好過一點；這些應對機制林林總總，多半是假設或扭曲的想法。比如一個孩子如果有暴躁的父母，成天謾罵他，他感到很痛苦，甚至害怕；他當時可能告訴自己把它忘記就好，不要去想它。所以他有意無意的把事情忘掉，以至長大後一點不記得小時候發生了什麼事。這種應對機制，照理講，在長大後就應該停止的，但是習慣已經養成，大部份的人對這種扭曲的觀念或錯誤的想法並不自覺，因此長大後，當環境已不再需要你這麼做的時候，你卻無法察覺，仍然以同樣的方法或想法對待你週遭的事情，問題因此產生了。

如果這個機制是一種情緒，那麼你難免帶著同樣的情緒

走遍天下,造成你在該喜樂的時候卻仍然感到悲傷,所以在情緒上我們應該適時的更新,使情緒和當前的我契合。要瞭解這是:

「我在小的時候想出來對付當時情況的方法,那時我太小,沒法想出成熟而有效的方法,所以這個方法是極不成熟的,只能在那個時期幫助我。」

「現在,即使是同樣的事情發生,現在的我也不可能用小時候的方法來應對它。如果同樣的事現在發生,我會有更好的方法來面對它,所以,為什麼要活在小時候的情緒裏呢?」

以小陳的故事,他的自我貶低是從很小的時候就開始了;他必須告訴自己是個討厭鬼,所以爸爸不喜歡他,這是他孩童時期所產生的心理機制,使他能夠承受父親對他的冷淡。他有父親,卻像沒有父親一樣。雖然從小沒有感受到從父親而來的愛,但父親確實在身邊。從母親而來的愛,雖然受制,但仍然溫暖著他幼小稚嫩的心。直到父親的不告而別,這根維繫他身心平衡的最後一根稻草突然的斷裂了,令他產生了大量的自我懷疑,年少的心無法承受,因此患上了憂鬱症。

其實小陳在校的成積不錯,以至申請到了一所優秀大學

的電子計算機系，為他將來的就業墊定下堅實的基礎。在大學裏他的人緣仍然很好，是出了名的好好先生。同學間誰有學習上的困難，他都樂意花時間給予額外的協助。他的心思敏感細膩，能夠以同理心對待同學和朋友，因此極受歡迎。

畢業後收到法國一家大廠的邀約，在法國做了兩年的工程師。南法的風光綺麗優美，小陳也在那裏遇見了他這一生的摯愛。然而經過熱烈追求，仍然不得美人的心；至此小陳更加確定自己是個不受人愛的特例，他心裡充滿了疑問。其實在對愛情的追求中，成敗都是一半一半的比例，失戀並不是世界末日。但對小陳而言，這是他對自己心死的時候。他大約並不瞭解從沒經歷過來自父親的愛，對他在求愛過程中自己在心理的轉折上有多大的影響。總之，這次的失戀對他而言幾乎是致命的，自此他放棄自己，他真的認為在這世界上是沒有人會愛上他了。

悍妻

　　兩年後帶著心裏的傷回到英國，和友人合租了一棟大房子。四個單身男人的居住環境可想而知，他們急需有人幫忙打掃整理。透過仲介，瑪麗沙得到這份工作，一星期來兩次，每次打掃3到4個鐘頭，如此，保持他們環境的整潔。

　　瑪麗沙老家在南美，她以學生之名行工作之實。當時很多外國人用這個手法到英國工作賺錢，後來政府經過一番改革，許多學校被迫關門才阻止了這條打工學生之路。瑪麗沙就是在那種因素下來到英國，因此她的英文水準是非常基礎的。

　　她長得相當吸引人，並且熱情洋溢。見面的次數多了，兩人對對方都有好感，雖然說話不大通，但每次見面，空氣中總充滿著濃濃的化學反應，令小陳很快就棄甲繳械與她約起會來，並且很快的，瑪麗沙就懷孕了。小陳是個負責任的人，既然瑪麗沙懷了他的孩子，就把瑪麗沙接來和他一起居住，但是他堅決不和她結婚；他說，瑪麗沙不是那個人。對此，瑪麗沙憤憤不平，時常對小陳出言不遜的謾罵。

我和小陳見面時，他們的女兒已經 6 歲了；試想在這 6 年之間，多少的碎心，多少的狂風暴雨發生？其間，瑪麗沙多次逼婚，但小陳的答覆仍然一樣。瑪麗沙越發展現出她的面目，小陳的心越發堅定。後來他們以民事伴侶關係（Civil Partnership）的方法解決了瑪麗沙的居留問題。小陳說，他很擔心女兒的脾氣，因為她好像承襲了她母親的特性，經常大吼大叫。

孩子是父母的鏡子，因為在他們幼小的心思中，那是唯一他們知道的方法。所以讓孩子瞭解他們在各種事務上都有不同的選擇，也是父母的一個責任。

自卑的影響

小時候因為要對付難堪的境遇而產生的應對機制能在當時給我們一些緩解，過了這個時期，這種機制已經不合用了，但大部份的人仍會不自覺的將這種機制持續的用在長大後的人生裏，甚至認為自己生來如此，這是自己的個性使然等等；這便成為一個人問題的所在。

例如小陳，從小他告訴自己是個討厭鬼，所以爸爸不喜歡他。這種想法使他覺得父親的冷淡是有原因的，因此在當時幫助他忍受了這種極心痛的對待。但他的這種想法和感受卻沒有因為他的環境改變了而好轉。大學時期如果他能夠自覺，並且能對付從小養成的自卑心理的話，都能幫助他在未來的人生路上做正確的選擇，而不至因生理上的驅使和一個他明知不理想的人發生關係，以至後來在兩性的日常生活中產生如此巨大的差異和不協調。

事實上，小陳的心思是細膩的；他在工作當中往往需要帶動一組成員，而他總是那個最受組員愛戴的小組長。因為他能以同理心待人，對待他人將心比心，所以組員的向心力很強。在工作上他是個最受歡迎的領導，結果是在工作中他所帶領的團隊每每創造佳積。可是日常生活裏，除了是個好爸爸之外，他幾乎一無是處。對於妻子，小陳的心理是複雜的。他因為認準了此生沒有人會愛上他了，因此對感情對相

的要求降低了許多。瑪麗沙和小陳的母親一樣，也很強勢，這幾乎令小陳有點困惑，他極度不喜歡瑪麗沙的個性，可是有時候又令他覺得可以依靠，就如他依靠處處要插手的母親一樣——厭惡卻又離不開她。

　　小陳堅定的認為他的妻子患有偏執型人格障礙，我建議他鼓勵妻子去做檢查，但都被她拒絕了，她認為自己沒有問題，一切都是因為小陳。她非常沒有安全感，每每覺得別人要害她；個性也相當粗暴，一言不合就會大聲開罵。小陳因此十分安靜；他不想也不願和她多說話，反而令妻子誤認為他很懦弱，態度更加囂張起來。對小陳而言，一切都為了女兒，因為他瞭解一旦和她分開，女兒勢將歸給瑪麗沙，然而勉強住在同一個屋頂下的結果令人神傷。最寶貝的女兒近來生起氣來的時候，也學著母親的態度對父親大吼大叫了。

　　情形真是越來越混亂了，我建議小陳，先穩住自己。

　　他必須改變小看自己的習慣，學習認識自己，接納自己，進而尊敬自己，愛自己。過去的錯誤已經造成，沒有必要自怨自艾。重要的是現在和未來；如果現在不改變，就不可能有正面的前景可言，所以改變是目前的第一要件。我們從更

新他的情緒開始。

如何更新情緒？

　　情緒更新要靠自己，我們每個人都被賦予了許多能力；只要能養成自覺的心態和自省的習慣，你便容易分辨哪種情緒是有益，哪種想法是有害的，然後能夠自行調整。如果感到力不從心，尋求專業的協助，是對自己負責任的態度，也能令自己止跌停損。一個錯誤的念頭能影響你做錯誤的決定，一個錯誤的決定，也許影響了你一生的路徑。

　　你可以對自己說：

　　「我明白我這種想法或感覺是從哪裏來的；那是我很小的時候，因為○○○原因，當時因為自己太小，不知道要怎麼對付所發生的事，所以想出了這個方法，來幫助我度過那個時期。但是現在的我已經長大，如果同樣的事情發生，我會用○○○方法來對它，不會再用小時候的方法了。」

　　「那時候我 7 歲，現在我 27 歲了，我的人生和以前相比有很大的不同。以前那些令我害怕或難受的人和事都已經不

見了，可是為什麼我的感覺還是一樣呢？這太不合理，太荒謬了！我的感覺應當和我目前的情況契合才對。」

然後每次這種舊有的感覺來襲，你都要對自己重覆說這些話，訓練你的大腦接受你新的情緒，慢慢把舊有的不健康的情緒推出你的腦海去。這個方法必須在你的意識中進行，在意識中提醒自己，以你的意識來對付藏在你下意識裏種種負面的想法。

那些被扭曲的想法和觀念都存在了我們的下意識裏，你不需努力，它就自然而然的出來了，所以人們以為自己生來如此，或是，那是他們的「個性」使然等等。但是即使是生來如此，若知道這對你有害，也應盡可能的去改變它不是嗎？改變並不容易，但為了自己和自己所愛的人，這個挑戰還是值得去面對的；何況只要有心，你是一定能改變的。改變無分年齡，什麼時候自覺到需要改變，就去付諸行動，不要拖延。

在心理衛生的領域裏，經常聽見「自覺」、「自省」，的字眼，可見它們在維持我們心理健康上有多麼的重要。可是怎樣才能提高我們自省和自覺的能力呢？

什麼是自覺 和自省
Self-Awareness & Self-Reflection

　　自覺是一種認知和管理我們自身情緒的能力；這份能力使我們在意識裏注意到自己心理上的感受、身體上的感覺、對事件的反應、習慣、舉止、以及自己的想法等等，就像由一個第三者來觀察你一樣；是需要對自己非常誠實的一種行為。

　　如果你是一個相當自覺的人，那麼你一定能夠非常客觀的評價自己，能夠成功的管理好你的情緒，並且能夠依著自己正確的價值觀而行事。這是一個很難得的技巧，尤其在今天這個以情緒為導向的環境裏。對任何一個人而言，自覺的能力是大有功效的；它的中心，也正是自省的能力。

> 你可以這樣做

如何加強自覺和自省的能力？

- 提昇對於自己的好奇心，瞭解自己

- 安靜，練習正念 (Mindfulness)。

正念就是全心全意的專注在當下發生的事，從自己身體的感覺到整個環境的變化，而不迷失在白日夢中或沉溺在過去的悲傷裏。依照美國心理學會（American psychological Association）定義，正念是指不帶立場，不批判的觀察當下的自己。因此正念是屬於一種狀態，和冥想是不同的。正念是幫助我們找回初心的最佳方法。

- 給自己一些空間和時間自我反省

自我反省有幾種方式，包括了寫日記。

可以從你的標準著手，記錄下你達標的部份和沒有達標的原因，怎麼做才能改善等等。除了寫下來，也可以大聲的說出來，或只是安靜的坐著思想。方式不是重點，反省才是

要做的事。寫日記能幫助你明辨並且接受自己的想法和感受，它幫助你清楚知道你要的是什麼，也明白什麼對你有幫助。相對的，它也能幫助你知道什麼是不重要的以至你不用再去做它。

· 問問那些你喜歡的人

從他們收集一些外在的回饋意見，看看他們是怎麼看你的。但是請記住，不論這些意見是優是劣，你自己的感受和信念才是最重要的。

是什麼攔阻了你的自覺和自省？

自覺是一個非常強大的工具，當你有規律的應用它時，你將得到在專業諮商中所能帶給你最好的結果。為了要保持這個影響深遠的改變，人們應當注重自己的內在；透過不斷的自我反省，如此，就能熟悉自己內心的光景。雖然自覺和自省如此重要，然而，也有許多因素在攔阻人們進行這項有益的步驟。這些因素隱藏在人們的下意識中，就如我們以前

提過的，人們認為他們天生如此，或是他們與生俱來的個性等等。但其實很多的看法想法都是因為以前不好的經驗或記憶使然，因此形成對不同事物的偏見和誤解，自身認為就是應該如此的種種扭曲想法。從這裏我們可以看見這些攔阻因素其實就是造成一個人內心問題的所在，所以也可以這麼說，一個心理不夠健全的人是難以做到自覺和自省的，因為他對某件事的偏差看法，使他無法看清事情的真象，因而不認為自己做錯了什麼，有什麼需要改進的地方。

糾正一個人的三觀不是一件容易的事，而且快慢不同。有些人非常純真，他／她之所以那樣做是因為不知道，從來沒有人告訴過他／她這是不對的。這樣的人一旦知道了事情的對錯，一下子就改過來了。同樣的事發生在其他人身上，他／她也許會據理力爭，告訴你這沒有什麼，影響不大等等，自然也就沒有改變的可能，儘管在他身邊的人都在無聲的忍耐著他的無理行為。

婚姻諮商

小陳的妻子從不認為她有錯,總是怪罪小陳,但是她對自己婚姻的狀況並不滿意,她不開心。她感受到這個情形必須改變,雖然不知道該怎麼做才好?

在小陳的建議之下,他們雙雙與我見面了。他們在婚姻裏的互動是一個又一個的負面互動循環。所謂負面互動循環就是每一次互動,都是負面的,而這個負面的互動互相影響牽扯,使之進入更負面的一種循環。這可以因為他們本身的個性使然,或各自處理事情的方法造成的。感情上本就沒有基礎的兩個人,因為朝日相處變得越加水火不容。在婚姻關係中,小陳也有一半的責任,雖說他的妻子很兇悍,有理說不清。不論是否全心熱愛對方,當你們決定共同居住一起的那一刻,兩人都該提醒自己:現在是兩個人,不是我一個人了。很多事要想到還有另一個人和我分享著這個空間,所以方方面面都要隨時有調整自己的準備。

自我狀態(Ego States)的理論可以幫助我們處理關係,好似在關係裏點進了潤滑油一般。我個人經常在各種人與人

的關係中使用到它，不論是親子關係、和同學朋友同事間的相處、或是情侶之間、婚姻裏的關係等等，它都給我們指出一條清晰的路徑。我們在《媽咪的鏡子》一文中有基本的介紹，這裏我們複習一下。

再談自我狀態 Ego States

我們經常聽到人們在談話中提到「自我」這兩個字。如果把這個大自我打開，將看見裏面有三個小一點的自我狀態，那就是：父母狀態、成人狀態以及孩童狀態。

如你所瞭解的，一個人如果大部份時間都從他/她的父母狀態出發，這個人將成為一個容易怨天尤人的人，大小事他都有意見，是一種不討人喜歡的行為。

孩童狀態則有三個特性：1. 自我中心，2. 不求甚解，喜歡猜測，3. 特別容易把事情個人化。這三個特性在小孩的身上我們經常看得到，有時候甚至覺得滿可愛的，但現在這三個特性發生在大人身上就一點都不好玩了，因為大部份的麻煩都是因為人們不自知而表現出這種兒童狀態所造成的。

三種狀態裏只有成人狀態是最健康的，成人狀態能以他人的角度來看事情，是相當有同理心的一種表現。可惜大部份的人對它非常陌生，甚至不知道自己擁有這個能力。既然如此生疏，當然沒法得心應手的使用它。要把成人狀態變成和其他兩種狀態一樣強大的話，只有多多練習。就像身上的肌肉一樣，你一直不用它，它就變得衰弱，沒有力氣，但只要你花工夫去練習，一定能夠強化它的。不要忘了，它就在你我的心裏，這是造物主給我們每個人的禮物，

溝通

與任何人的關係都要擁有一條暢通的溝通管道，這在情侶之間和婚姻裏尤其重要。不要猜測，不要自怨自艾，去談話，去溝通，把事情說情楚，不要認為你們已經認識了很久，他理當知道你、瞭解你。這個情形在女性的身上尤其明顯；妳也許認為妳的先生一定知道妳最喜歡的香水，或妳最喜歡的花朵，或什麼最特殊的東西。當生日或結婚紀念日接近時，妳可能滿心歡喜的等待那個特殊的日子到來，結果先生送給

妳的禮物令妳大失所望。又或者他根本不記得這個特殊日子了，還傻乎乎的回家等著張口吃飯呢，而妳卻精心打扮，等著他下班陪妳去喜愛的餐廳慶祝。這種認知上的落差多麼巨大，妻子這時滿心的期待變成滿心的失望，磨擦因此產生。但是說實在的，小姐、太太、女士們，如果妳沒有表達出來要的是什麼，妳的伴侶如何知道妳在想什麼呢？

溝通唯有從成人狀態出發

　　仔細想想，兩個不同的獨立個體，有著不同的個性人格，在不同的家庭裏長大，環境不同，並且由不同的父母養育大的兩個人，怎麼可能相同呢？都要靠著互敬、互諒、互相包容來維繫感情。因為愛，所以不在意多做一些。有不同的看法意見，能好好的彼此溝通。這裏溝通有一個小撇步；如果你在溝通的時候，以父母或孩童的狀態出發，你所表達的內容，會輕易的讓另一個人認為你在抱怨他或責怪他，因為這是這兩種狀態的天性，所以要避免從這兩種狀態去溝通。最好的方法是從成人狀態開始表達你的立場，解釋你的想法。

你能以他/她的角度來看事情，他會感受到你善意的瞭解，他會感到安心。誰會隨意打臉一個笑盈盈而且瞭解他/她的人，你說是嗎？

接收訊息第一步 請這樣做

以上所提的父母狀態和兒童狀態，因為我們太習慣於這兩者，它們都已經存在我們的下意識裏了。也就是說我們一點都不需要費勁，它們自然而然就在腦中浮現，以至於我們認為它是自己的一部份，覺得我的個性就是如此等等。而成人狀態因為我們不習慣使用它，許多人甚至以為這是個新東西；所以要練習它的話，就得從意識層面提醒自己，否則是非常容易把它忘記的！

從接收他人的資訊、到腦子裏的想法、再到心中的感受，最後在行為上表現出來，這是一氣呵成的反應。如果從第一步，接收他人的資訊開始，就從兒童狀態出發的話，經常在半路上你的脾氣就開始了，因為這個資訊觸發了你過去不好的感受，所以你的情緒就開始不好了，這因此影響了你腦中的想法，感受到不良的情緒，進一步再影響了你的行為。這時你也許因為氣憤而說出了冒犯的話語，也可能你不說話，心裏卻鬱鬱寡歡、生著悶氣。

所以從第一步，就應該以成人的狀態來接收他人的訊息，這樣可以降低很多不必要的誤解和衝突。願你我多多練習成人狀態，使自己成為一個成熟、合理的人。

幫幫我啊媽媽！

- 混亂吵雜的童年
- 無怨付出，可能是缺愛
- 原諒自己
- 如何原諒自己？先瞭解自己的情緒
- 是罪惡感還是羞恥感
- 難以原諒自己的原因
- 原諒他人，是一種決定

為什麼又要我原諒

秀秀氣憤的向我訴說著前天她的另一個表哥又好心的向她建議,「妳爸爸年紀大了,不要和他計較;不論如何,做兒女的先認錯是應該的,最重要的是維持家裏的平和。」

「我知道又是我媽去和他媽媽訴苦的結果!」

我問她:「和媽媽談過不要再跟別人提這件事了嗎?」

「上星期我表姊過生日的時候才跟她說過,結果我才轉去廚房,在柱子後面就聽見她又在跟什麼人說這件事!她說她不明白為什麼我這麼倔強?」

「妳母親一定覺得不說很難過吧?一個是她的丈夫,一個是她的女兒;兩個她最親的人竟然彼此不說話。」

我突然感到秀秀的母親一定感嘆自己大半輩子的姑息忍讓不就是為了這個家嗎?為什麼她的孩子們卻都和她不一樣?尤其是這個女兒,離家了好幾年,好不容易回來了,就不跟她爸爸說話。也是啦,她爸爸不該動手打她,都那麼大的人了還打……,可是他畢竟是爸爸啊!為什麼女兒就不能

忍著一點，非要堅持不和她爸爸說話呢？她可能覺得自己這麼久以來的忍氣吞聲好像沒有了價值。

這些年她忍的氣可不少，不知壓抑了多少的傷心事！好在她的兄弟姐妹們都很親。他們是第二代移民，父母從亞洲移居英國，三個孩子相繼出生。很難得的大家的感情這麼好，長大後也都沒有搬離太遠，所以秀秀的媽媽每次受了委曲，總有地方去傾訴。他們的下一代也都維持著親密的聯絡；幾年前秀秀到澳洲那麼遙遠的地方工作已是打破了家庭紀錄，但他們不知道的是，秀秀幾乎是迫不急待逃到澳洲去的。

為什麼選擇澳洲？因為遙遠；她要逃得越遠越好！

雖然因為媽媽停不住的向她娘家人傾吐，使得秀秀成為家裏的叛逆，一個不孝順不敬老的人，但是秀秀和表兄弟姊妹們的感情還是相當深厚的，這也是為什麼表哥們紛紛來向她建言的原因，這令秀秀有苦難言。其實他們家裏每個人都知道秀秀的爸爸脾氣不好，他酗酒，每每暴跳如雷，但真實的情形也許秀秀的媽媽也沒能全盤托出，秀秀自己更是認為這是家事，不方便和其他人說；而且她不希望別人看低了自己的父親。

混亂吵雜的童年

　　從秀秀有記憶以來，家裏就充滿了吵雜聲，她在噪音中長大。主因是酗酒的爸爸，一喝酒就發酒瘋，一發酒瘋就亂罵人。雖然她好像從沒見過他動手打媽媽，但是他罵起人來可以很久很久。幾個孩子也輪流成為他出氣的對象，他罵人時會做人身攻擊，什麼你不是東西，你是豬，豬都比你聰明等等的難聽話一句句從父親的口裏出來，伴隨著他暴怒的聲調和猙獰的表情。秀秀總是摀住耳朵躲到自己的房間，也仍然在所難免的聽見他的咆哮，好像火山暴發一樣的隆隆源源不絕。

　　母親則靜靜的在一旁；小時候不懂事覺得沒什麼奇怪，現在回想起來，母親彷彿那時就已練就了一身的銅牆鐵壁功夫，能夠刀槍不入似的。母親的反應很讓秀秀驚奇，尤其是年初的那次衝突，母親疏離的態度真正觸到了她的底線，只是她不願意同時拒絕和父親講話又拒絕搭理母親。她知道母親仍是愛她的，只是她不能明白為什麼在那麼危急的情形之下母親仍然能夠保持冷漠？秀秀心裏是有怨言的，她氣媽媽

沒有站出來保護自己！

　　媽媽其實常常這樣，她雖知道媽媽愛她，可是不大感覺得到，倒是經常感到她的疏離。所以他們母女之間有所隔閡，不是無所不談的那種。從小心底的孤單寂寞，媽媽都不知道，秀秀不會和她說。心裏卻老有一種傷心的感覺；這種感覺好熟悉，好想，好想離開這裏。

　　從大概 8 或 9 歲吧，秀秀就想逃家了。她幻想的家有慈祥的爸爸和媽媽，家裏有悠揚的音樂，而不總是哥哥們玩的電吉他（那又是噪音的另一個來源）。逃到哪裏呢？想必在秀秀幼小的腦海裏，只有想逃離的念頭，卻不知道該往哪裏去，只希望是一個越遠越好的地方，因此她對遙遠的澳洲產生了嚮往。這個念頭終於在秀秀 22 歲時達成了，她終於踏上了前往澳洲的旅途。

無怨付出，可能是缺愛

　　這是多麼令人興奮的事啊！終於到達諾福克島時，秀秀的心裏微微顫抖著。她和當地的醫院簽了兩年的合約，成為

醫院的一名物理治療師，因為離島，薪水是豐厚的。這裏的日子很悠閒，島上風光明媚，每個假日她都獨自開著車四處去逛，去探險。島上多數居民都是退休人士，秀秀的步調不知不覺也慢了下來。她感到欣喜，不止一次站在面海的岩岸上向著蔚藍的大海喊道「我喜歡這裏！」

五月下旬她報名參加了潛水訓練，就這樣，她遇見了依森。依森是那裏的工作人員，剛被他的前任傷得很慘，這是後來和他熟稔之後得知的。當時秀秀只覺得這個人不苟言笑，俊秀的輪廓令她感到有些心動，感到非常不凡的樣子。其實秀秀常常會對異性感到心動；她曾有過幾段戀情，但大多是秀秀單方面的喜歡，以至她很失望，因為即便成了，他們後來總是用各種的理由結束戀情。可想而知，這只讓秀秀變得對戀情更加憧憬，對於愛情感到更加渴望。

南太平洋的舒適慵懶，加速了秀秀對愛情的執迷。面對這個迷情的坑，她奮不顧身的往下跳去。我之所以說這個迷情的坑，是因為秀秀已然瞭解依森的背景，卻仍像飛蛾撲火似的勇往直前。

依森被前任所傷，患上了嚴重的憂鬱症；令他兩次試著

結束自己的生命,也曾因不穩定的精神狀況,在精神療養院住過一段時間。工作對他而言可有可無,他做得有一搭沒一搭的。秀秀也許正是被他的病態所吸引,無法自拔,她想要扮演依森的救世主,也或許她從依森的無助中看見了自己。總之,她被依森深深吸引著;時間、精神、金錢,秀秀慷慨的投下資助,自己卻弄得筋疲力竭。她兩年的合約很快期滿,秀秀竟然沒能從豐厚的薪金裏存下一點錢作為自己的旅費。認識一年來,他們爭吵,從拌嘴到大打出手,彼此都認為對方做得不夠,都成了對方眼裏的敵人。就像兩個不諳水性的人同時掉到水裏,在拉扯的過程中,必定兩敗俱傷一樣。秀秀傷得很重,依森傷得也不輕。他的陰晴不定以及對秀秀深度的控制和依賴,令秀秀感到窒息。渴望寧靜的秀秀,卻再也沒有了寧靜!

　　她幾次想了斷這段感情,但內心裏害怕孤單。最後在依森又一次緊急住進精神療養院後,她悄然離開了,因為秀秀自己也瀕臨崩潰了!自此她自我放逐似的在不同國家的小島上擔任私人教練,這裏幾個月那裏幾個月,五年的光陰一晃就過去了。這其間她聯絡過和依森共同的友人,得知他已出

院，恢復得還可以。秀秀稍稍感到好過一點，因為她一直的責怪自己背叛了依森，沒有留下來照顧他。

「看他不是恢復得挺好？沒有我，人家一樣可以生存。」這樣一想，又感到悲涼起來，感到自己更加不值得了！她感到自己像一片凋零的葉片，在風裏漂來蕩去，但她不在乎，她再也不在乎了。五年之後她想到回家，誰知道她到底受了多麼大的委曲此時才會興起要回到那個從小就想逃離的地方？

幫幫我啊媽媽！

秀秀沒有說，她只是氣憤的訴說著自己母親的冷漠。氣憤是她此時的寫照；她整個人彷彿是個充滿了氣的氣球似的，怒氣填膺，仍冒著煙。可想而知過去的幾年裏她是諸事不順。

我用「空著的椅子」這個方法鼓勵她說出想對母親說的話，就是請她換個座位，想像她的母親就坐在她身旁。我特地拿起一個靠枕放在那個空坐位上，代表她的母親。

她先是靜靜的流著眼淚，突然哇的一聲閘門大開，像嬰

兒似的嚎淘大哭起來。一陣嚎哭過後,她口齒不清的對著空椅子說道:

「妳怎麼可以讓他打我!我是不是妳親生的?」

夾雜著他們當地的方言一股腦的傾泄而出。所有的不滿,所有的委曲,似乎在這一刻都宣洩了出來。她對母親孩子氣的抱怨著;許多她自己的事也這麼樣叨叨絮絮的一邊哭一邊說的從嘴裏溜出來了。我這才知道離開諾福克島後,秀秀接連去了澳洲內陸、紐西蘭、甚至一些小島上。她孤立自己不與他人來往,除了工作還是工作,她是那些孤島上的小小島,完全的封閉了自己。

秀秀的反應令我動容,那是一種不知壓抑多久之後的宣洩,這孩子的傷究竟有多深?我感到心痛起來。我瞭解這不止是對她母親的一番質問,也是這麼多年來盤據在她心底的感受,是那麼樣的沉重。然而,她還是想家的,她想到有母親,有父親,有哥哥,還有很多親人在遙遠的英國,她開始想念他們了。

離家近七年,繞了大半個地球回來,沒想到第一天就惹毛了父親。當然他又喝了酒,一言不合,大戰爆發。父親盛

怒之下，把秀秀從沙發上拎小雞似的抓起，半拖半拉的走向大門，嘭一聲，把她甩在大門外。隨著身體落地，秀秀的腦門轟然作響，她又羞又怒，不可置信的搖著腦袋，手腳竟不聽使喚的發起抖來。

心中五味雜陳，激昂澎湃，那個孤單感又回來了，明明的告訴自己，這裏沒有妳的地方，妳不屬於這裏！可是，她清楚看見媽媽也在客廳裏啊；在被父親拖著往外走的時候，她瞄向媽媽，「幫幫我啊媽媽！」秀秀在心裏吶喊，可是媽媽沒有看她，只短短的瞥到媽媽低著頭，專注看著什麼，好像什麼東西吸引著她⋯⋯

秀秀心裏非常不滿，父親和她起爭執時，媽媽不可能看手機吧？我離開這麼久才剛回來啊！媽媽為什麼不幫我？為什麼她可以那麼置身度外？我不是她親生的嗎？她不高興我回家嗎？好多的問號出現在秀秀的心裏，沒有解答。此刻秀秀已然在屋外坐了一會兒了，可是媽媽也沒開門出來看看，

秀秀失望透頂，後悔想念他們，後悔回家來，她應該在外面繼續漂流才對的。家，什麼家？哪裏是我的家？想到這裏她痛哭起來。

正是在這種情形之下，我們見面了。秀秀壓抑了許久許久的壞情緒，急需有傾吐的出口；此刻她的心理狀況是破碎的，悲傷感壓過了所有，她只是哭，哭，哭。她意識到需要有專業人士拉她一把了。

原諒自己

秀秀的個性黑白分明，不易妥協；她認為妥協是弱者的表現。換句話說，她很執著對和錯；而無視於灰色地帶。心理學上強調的「彈性」，她壓根兒沒有概念。

就如太剛硬了易斷一樣，秀秀的自尊心和自信心都因從小生長的環境而被打擊得七零八落。她天生非黑即白的個性，加深了因為父親酗酒，酒後在言語上對她人身攻擊的傷害。

秀秀和依森的交往不但對她的內在成長沒有絲毫的幫助，反而令她對自己痛恨起來。因為依森生氣時也是批評她

不夠漂亮、身材不夠好、對他不夠溫柔，總之就是一再挑她的毛病。勉強的和依森結束戀情後她自我放逐到各個小島，還好她有一技之長，這是她唯一維繫她生命價值的東西了。這些年裏，她不照鏡子，討厭自己的樣子，不節制食物；總之她是自暴自棄，放棄自己了。但是即使在這種時候，心裏仍有個意念告訴自己要撐下去。

　　秀秀是善良的，她對愛情也夠忠貞，她沒有因為依森的情緒不穩而離開他，反而出錢出力的照顧他。即使依森近乎虐待似的對待，雖然令她感到痛苦，可是她仍然沒有離開。對於這一點，秀秀的解釋是，依森是她的摯愛，她當然不能撇下他。但我想，在她的下意識裏，很可能因為不願再孤單一人；這個想法成了她的信念，使得她能夠承受如此的磨難。當我提出我的想法時，她思索良久才似有似無的點了點頭說道，「也許吧」，但隨即又以很堅定的語調說「我的確愛他！」有時候，愛情的分界線是多麼的模糊，這就是為什麼無法完全以理性來分析感情的原因吧。

　　秀秀對自己在依森最需要她的時候離開一直不能釋懷；氣歸氣，沉重的罪惡感時常折磨她，她不能原諒自己！

我只好問她，如果有一個朋友告訴她一樣的故事，朋友的罪惡感深深纏繞她，令她吃不好睡不下，她會如何對朋友說呢？秀秀想了想，毫不猶豫的說道：「我會勸她要原諒自己；因為錯誤已經造成，想想看有沒有補救的方法？」

　　「那個人已經不理她了。」我試著提醒秀秀。

　　「對了，既然如此，沒有能對他補救的地方了，但是也表示你的罪惡感不能幫你什麼。為什麼不放下來，原諒自己呢？我們難免都會做錯事的啊，沒有人是聖人的。」

　　這正是我要對她說的話；但我希望能由她自己說出來。秀秀說完若有所思的坐在那裏好一會兒，我們兩人都沒開口。過了幾分鐘秀秀望向我，我們相視一笑。

　　「有什麼感想嗎？」我問她。

　　「我突然知道該怎麼做了！」秀秀做了一個嘴角上揚的表情。

> 你可以這樣做

如何原諒自己?先瞭解自己的情緒

原諒別人已經很難,原諒自己有時更加困難。理智上知道,情緒上卻很難放過自己。怎麼才能原諒自己呢?能原諒自己你就成為強者了,因為它不容易。以下有幾點建議,希望能夠幫助到你。

是罪惡感或是羞恥感?

有研究表示清楚知道自己的感受能夠減低你感覺的強度,比如要弄清楚是感到罪惡感或是羞恥感。這兩者在感受上非常相似,但在實質上相距甚遠。差別在於罪惡感是你對他人做了不當的事;這種做錯事的感覺一直提醒著你:「你做錯了,你對不起人家。」這種罪惡感在你深深痛悔而學習到不再重犯之後,就能得到緩解,不至影響到你身而為人固有的價值。

而羞恥感則是你做了或其他人做了不當的事讓你感到羞

愧，以至於你覺得抬不起頭。羞恥感比起罪惡感殺傷力更大；這種自我控訴經常令當事人坐立難安，好像自己平時戴了一副面具，面具之下的自己是很壞的。這樣的想法令人內心裏沒有平安。如果沒有處理好羞恥的感受，經常會將人導入更加負面的情況，例如變成憂鬱症，或養成對酒精毒品的成癮等等，都是因為認為自己不好，所以轉移在別的地方得安慰，或者因為長久的貶低自我價值，使得心理問題更加惡化而導致的。所以做錯了事，最先要分辨你心裏的不安是哪一種？

另外，有些曾經經歷過被虐待，失去親人，或經歷各種創傷的人，如果做錯了事，經常會加深心裏的負罪感或羞恥感，因而更加難以原諒自己。希望本文能令你在揪心的當中感到些許釋然。

・對自己所做的負起責任

原諒自己就是要從同情自己的處境出發，接受所發生的事。必須要勇敢面對自己所做的事，不論那是多麼的難堪；因此這也是原諒自己最困難的地方。你不再能用任何藉口或任何原因來為自己脫罪，只能面對並接受自己所做的事實。

・善待自己，但對自己所做的錯事有所悔悟

要原諒自己必須正視自己所做的錯事，負起自己的責任檢視它，從內心發出悔悟。明白自己為什麼會犯這個錯？既然犯了錯，有沒有補救的方法？例如向當事人道歉等等。除此，還要能從這個失敗的經驗裏學習到什麼；下次相同的情形發生，你會怎麼做呢？這一切得從你的同理心出發，不要陷入自我挑剔的泥沼，因為這個當兒也很可能令你生出相反的感受。例如你也許覺得自己太過混蛋而生出厭惡自己的心理，那就完全得到反效果了！所以一定要善待自己；為了使自己變得更好，溫和的對待自己是必須的。把這個錯誤當成一個學習的機會，下次類似的事情發生，你就知道該怎麼做而不致重蹈覆轍，因此能夠做得更好。

難以原諒自己的原因

是什麼在阻擾我們原諒自己呢？是什麼使人們不斷的陷在自責的漩渦中呢？只因為你擔心再犯同樣錯誤，這種擔心，就有可能阻止你真正原諒自己了，所以我們瞭解原諒自己是

一種極為敏感而微妙的心理轉變。有時候想到要原諒自己，另一面又顧慮到這是多麼丟人的事；面子都給自己丟光了，影響到自我的形象等等聯想。這時候建議你放慢腳步，因為內心的轉變，只需對自己負責就好，不用去管別人怎麼說。越嚴重的錯事需要越長久的過程。你對發生的事會感到後悔，但不論多麼的悔恨，最終目標是要讓它過去，不在心裏留下遺憾。所以允許自己去感受這種悔意甚至疼痛的感覺，並且接受它。勇敢告訴自己：

「是的，我做錯了」⋯

「但是我也學到了功課，下次不會再犯同樣的錯了。」

不要逃避這個時刻，要承認它，接受它。當你學習放下錯誤的同時，專注在如何從這個經驗裏改進自己，一定要對自己在整件事情上的了悟心存感激，因為感激之心能幫助你向前邁進。

原諒了自己，接下來就需要加強愛自己的心。在原諒自己的過程中，已經包含了接納自己和擁抱自己。一個人能接納自己，愛自己，他／她的自尊心必定是平衡的，自我的價值也必定是肯定的。這樣的人不大容易把事情擱在心頭，有

什麼不如意的事，也較容易讓它過去，較容易原諒他人。其實原諒自己就是放過自己；聖經裏總提到原諒二字，就是因為原諒能使我們得以自由，而這種自由是真正的自由！

原諒他人，是一種決定

有些人誤解了原諒他人就是贊成他人的作法；這種誤解令他/她無法釋懷。心想這個人傷我這麼深，我怎能贊成他的作法是對的呢？傷我這麼深，我又如何能讓它輕易過去呢？我無法放下！

原諒別人並不表示你贊成他的作法是正確的並且接受它。即使明白是他人的構陷，放下它，才能夠令這個苦難真正過去。是他人不當的對待，即便你滿懷辛酸，滿腔熱淚，仍然可以做出原諒他人的決定。是的，原諒他人是一種決定；唯有原諒了，你才能夠放下它來。否則它會在你的腦海中縈繞不停；每每想起，心中的憤慨就起，無法擁有寧靜。所以放下它，讓它過去，將心力集中在現在，是此刻最要緊的事。

如果此刻那種憤慨感又來擾亂你的話，自然你的情緒立

刻紛亂起來；這時，大部份的人可能很自然的又將事情的來龍去脈重新再想一遍，甚至連細節都絲絲縷縷的不放過。暗地裏告訴自己，下次如果他再這樣對我，又對我說同樣的話，我就要怎樣怎樣的對付他，讓他知道我不是好欺負的，或是我就要對他說什麼話讓他也嚐嚐發窘的滋味等等。但是，你可知道每當你這麼做的時候，是在無形中增強這件事對你的影響，等於在滋養它。它只會變得更加緊黏著你，更不容易從你的腦海裏除去了。

所以，如果決定了原諒，就看管好自己的思緒，盡量不要再去想它，這才是對付以前受過的傷害最好的方法。當然受傷的感覺經常會來敲門，對你說「嘿，你忘記我了嗎？」或者有時候它霸道的就闖進你的心裏，要你花時間滋養滋養它。這就是為什麼我們一定要有所決定的原因；你可以直接對這個傷害的記憶說：

「走開吧，我已經選擇了原諒，讓它過去了，你不要再

來煩我！」

如果它賴皮，你就得更堅定甚至強硬的對它說：

「滾開！不要浪費我的時間，走開，走開，走開！」

如果你能看清它如小人般的意圖，你自然就不會對它客氣了。

人生太短暫，不要把時間和精力消耗在過去負面的事情上，哪怕你是被冤枉了。相信世間是有真理公義的，不要花心思在為自己伸冤、討回公道，而把自己弄得容顏枯槁、焦頭爛額。好好做你該做的事，上天自然會為你討回公道的。聖經的羅馬書十二章十九節說：「親愛的弟兄，不要為自己伸冤，寧可讓步，聽憑主怒；經上記著：主說，伸冤在我，我必報應。」 原諒他人是內心強大的表現！

如果無法改變他人，
就要改變自己看事情的角度

許多因原生家庭而產生的問題，總是令人滿了無力感。

就如文中的秀秀，父親的暴怒和他的酗酒緣自於他對本身成長環境的不滿，而母親的懦弱，也是受到她自己原生家庭裏不當的對待而造成的。自從秀秀瞭解了自己個性裏原生家庭所帶給她的負面影響，漸漸能以一種瞭解的心態來看待父母的態度。畢竟沒有人生來就知道怎麼為人父母，我們都是一代影響著一代。有時不免覺得「為什麼每次都要我原諒？難道別人就不用原諒？」能夠原諒是內心強大、成熟的表現；能放下，因此你能前行。

對於為人父母的人，應當瞭解孩子是獨立的個體，愛他們就要尊重他們。隨著孩子年齡的成長，父母也應適時的調整對待孩子的方法；愛孩子，要讓他感受得到。就比如孩子小的時候你可以「小寶貝，小心肝」的喊他們，但等他們到了 20 歲你就不再方便這樣稱呼他們了不是嗎？對於自己的一些不好的毛病，如果真的你沒有自覺到這樣的行為是不對的，自然不會心生改變的念頭。這

時，就是做兒女的工作了。如果無法改變父母，就要改變自己看事情的角度；而「原諒」，無疑的就是順應這個情形最好的方法。父母能否改變不是你的工作或責任，必須要他們自己感受到，他們需要改變才做得到。我要說的是，即使他們不能改變，那麼你就改變自己，讓自己多體諒，多包容父母，從他們的視角去看事情，而不是硬碰硬的與他們對著幹。

如果無法改變他人，就要改變自己，這是生存的法則，而你會因此而受益的。

樂觀者的
憂鬱症

- 用自殘解脫絕望
- 霸凌
- 造成憂鬱症的原因
- 堵塞的情緒如何誘發憂鬱症
- 被憂鬱症所苦的名人們
- 罹患憂鬱症的不同羣體
- 憂鬱症的種類
- 服用抗憂鬱症藥物的注意事項
- 躁鬱症
- 憂鬱症的治療

對任何事突然失去興趣

凱莉是一名護理師，去年才從大學的護理學院畢業。據她的描述，這次是她第二次的發作了。大約兩個月前，沒有任何預警，她突然失去做任何事的興趣，每天就是充滿了悲傷。當疫情嚴重，百業停滯，護士們卻仍須每天照常到醫院上班。凱莉喜歡她的工作，她為人和善，喜歡逗逗同事，是護理站的開心果。可是，現在她變得和大家都有距離，份內的事做完就躲到一邊，再不像從前那個親切隨和的凱莉了。她也不喜歡現在的自己；可是每天能夠勉強準時去上班彷彿就是她所能做的了，心底很沒勁，覺得空洞，不知道為什麼要如此認真？話雖如此，她還是明白自己的工作是面對一群弱勢的人，他們都需要她所提供的幫助，所以凱莉對於自己心裏的冷淡也常常有止不住深深的罪惡感。

下了班，總是疲累不堪；哪裏都不想去，甚至連和男朋友去散散步都不想，只想窩在家裏。心理的感受是暗黑的；彷彿有一大片黑色的霧靄籠罩著她。她的心就好像有了傷卻

曝露在外似的。即使微微的風吹過，也能觸動到傷口，令她疼痛不堪。凱莉是那麼的敏感，動不動就掉淚，讓她掉淚的原因卻說不出來；令男友很不解。以前那個開朗的凱莉哪裏去了？

　　從自己的專業，凱莉心裏模糊知道，這是她的憂鬱症又發作了。至於誘因是什麼？她卻無法知曉。太痛苦了，於是她去看醫生，開了抗憂鬱症的藥，這就如在她敏感痛楚的傷口上敷上了藥膏似的，令她感覺好得多了，但仍需要尋求專業的協助，這是我們開始網路諮商的原因。

　　即使服了藥令她感覺好一些了，但那只是幫助凱莉維持她正常的工作而已，使她不至於因為太低沉的情緒而無法去工作。那片黑暗的霧靄一點沒有改善；凱莉迫切的想要離開這團污黑沉悶的氛圍，但她感到無能為力。雖說以前也經歷過相似的感受，但這次似乎更加嚴重，並且遙遙無期，她不知道如何才能離開這種行屍走肉似的生活，何時才能恢復以往的狀態？

用自殘解脫絕望

　　她變得非常不耐並且充滿負面的想法，有時候醫院裏的病人感謝她的幫助，稱讚她，她會心想，「那是因為你們不真的認識我，等你們認識我是什麼樣的人，鐵定你們不會再讚美我了」。這是因為她為罪惡感所苦，自我的價值變得很低之故。此時不論做什麼事，總有個念頭不停的在心裏控訴她，數落她沒盡到責任，是個如何差勁，如何自私的人等等，令凱莉覺得生不如死。當痛苦太深沉以至她無法面對的時候，凱莉就拿起刀片劃向自己的大腿或上臂，當鮮紅的血慢慢從傷口滲出時，她感到舒了一口氣，覺得自己至少還能掌控一點什麼………，因為她覺得自己無能、無用、孤單、無望，甚至因為無能無用而厭惡自己、咒罵自己。看到鮮血流出，她並不覺得疼痛，反而覺得解脫。由於是視訊，透過鏡頭，凱莉將她的上臂伸向我，白皙的手臂上佈滿了密密麻麻深深淺淺的疤痕，是這幾個月來凱莉對自己所做的結果；我看了之後，良久說不出話來。瞭解她身為護理師，又有多年前第一次發作的經驗，但當心情被黑暗包圍時，仍然對自己下得

了手，那種絕望的痛苦應是常人無法想像的！有人說自殺是需要勇氣的，而如果能將把自己置於死地的這份勇氣拿來對付目前所困擾你的任何事，就沒有任何事能攔阻你了。傷害自己何嘗不是如此呢？

通常自殘的情況發生在青少年，因為年少，對於情緒上猛烈的衝擊往往無法應對，所以在這個年齡段最常見到這種情形。當然凱莉也還是一個年輕的女性，還是屬於自殘常見的年齡；但她的第一次發作就沒有自殘，所以從程度上來看，凱莉這次的發作比上次退步了。

霸凌

凱莉的第一次發作在她 12 歲時，剛從小學部轉到中學（英國學制）。當時她換了一所全是女生的學校，沒有熟識的同學。學校裏幾個惡霸因為她頭髮的顏色老是找她麻煩，經常下課後修理她。因為凱莉的父母非常嚴厲，小凱莉不敢告訴爸媽，連帶老師也不知情。弄得她壓力特大，開始逃學，不敢回家等等的事故接連發生。就是在她極度擔心害怕的時

候，這些病徵出來了。當時她並不知道這就是憂鬱症，但那時感到無精打采，無心向學，黑漆漆的心態，什麼都是負面的，每天只想哭也只能哭。這個情況持續了一個學期，父母畢竟是愛她的，看她如此，又幫她換了一所學校。霸淩的情形停止，凱莉也漸漸恢復了正常。

這個事件看來好像和憂鬱症沒有關係，但因為霸淩或者對環境不適應而衍生的憂鬱症比比皆是。孩子們的適應能力強，事後也不覺得有何不妥。但以凱莉的例子，如果當時她內心感受到困難而能向父母或師長表達，當時就把困難解決的話，雖然不能保證她將來都不會再受到憂鬱症所擾，但是對凱莉而言將會是一次很好的經驗。她將瞭解得了憂鬱症不是世界末日，有藥物、有方法，是很容易控制的一種心理疾病。相較第二次的摸索，如果凱莉自己不是護理人員，沒有這方面的知識，情況將會變得複雜並且困難許多。

這些症狀對你而言是不是也很熟悉？也許你的情形比凱莉好，沒有她那麼嚴重到自殘的地步；但是討厭自己，還有那種無盡的悲哀和傷心的感覺相信對你並不陌生？又或者你正在想著透過某種方法讓自己脫離這個複雜又令人厭煩的病

症，那麼我要告訴你，如果你願意，的確是有方法能夠讓你遠離這惱人的病症的。

首先我們先瞭解一下是什麼使得憂鬱症發生的？

造成憂鬱症的原因

憂鬱症是一種相當複雜的病症，很難把它清楚的歸類於是什麼原因造成的；因為它牽涉了不同領域包括化學、遺傳學、環境學以及心理學等等方面的因素。很多憂鬱症的患者在他們小的時候或青少年時期都多多少少的經歷過創傷、被虐待、或受到剝奪某種程度的權力或自由、遭受到不同的衝突等等不好的經驗。一般而言，父母不恰當的教導、因某種因素忽略了孩子的存在和需要、在學校受到霸淩、或是生長在一個爭吵不斷，紛紛擾擾的家庭裏等等，都會增加孩子罹患憂鬱症的機率。近來在血清素運送基因與憂鬱症風險上的研究，支持了基因學也許在憂鬱症的負面情緒和不穩定上有著一定程度的相關性。

已有許多研究證明一個人在小的時候，如果沒有得到足

夠的關愛，或因為某種因素的缺乏，而沒有能夠對所處的社會發展出一個健全信任的基礎時（註 1），在長大後，尤其是與別人相處互動的時候，從這個人對他人感知的方法，將有極大可能發展出對自己和他人扭曲的看法和想法。這裏列舉四種情形，在演變成憂鬱症的過程裏扮演著非常重要的因素（註 2）。

・遺傳力。
・神經調節機制的先天功能失調。
・母親負面的認知、行為和情感方式。
・兒童生活裏的壓力強度。

許多患有憂鬱症的母親，不論是產後憂鬱症或是後來才發展而成的，因為疾病的本身帶來不好的情緒或者脾氣，使她們對自己的小寶貝們沒有耐心，或者過於冷淡。與沒有憂鬱症的媽媽們比較起來，這些被憂鬱症所苦的媽媽們較無耐心，在孩子需要她們的時候，也許被她們自己的痛苦所阻，以至沒能給孩子即時的關愛（註 3）。

這樣看來，我們似乎太偏重於母親一方的重要性，實際上父母雙方在孩子的各種發展上同樣重要。父母消極的教養

方式如：缺乏關愛和溫暖或經常的指責批評，都容易造成孩子產生憂鬱症的危機。

　　如上述類似的研究應該成為社會裏為人父母的提醒者；提醒每一個為人父母的人，父母在孩子們的成長過程中所扮演的重要性，我們對待孩子們的態度將深遠的影響到他們的一輩子。如果我們自覺在情緒或心理健康上有任何的困難，也就是情緒的管道不大通暢的話，最好能找專業人士的協助。尋求協助並不意味你的懦弱，任何進步改變都需要花上時間，對於我們自身而言，改不改變也許無所謂，反正我也這樣過了這麼多年了；但是事關孩子，他們不能等。如果現在面前就有一個結，現在就該把它解開，留得越久，造成的負面影響越大。而如果自己摸索，很可能會花上幾倍的時間還是疏通不了情緒的管道。

　　還有一些人，他們從小沒有受過創傷，生活裏也沒有特別的壓力；他們每天的日子過得充實又滋潤，但是無預警的，忽然間怎麼看見他們表現出了一些抑鬱的症狀？他們平常看起來很開心，沒有什麼憂心的事煩惱他們。這些抑鬱的症狀就像從天而降似的令人無措。但是，認真追究的話，每一個

憂鬱症的發作都應是有跡可尋的，它不會無緣無故的發生，尤其是第一和第二次的發作。

就如凱莉，一直無法瞭解是什麼引發了這次的發作？直到第五次的諮商，她突然興奮的喊了起來：「我知道了！」我正不解她什麼意思，凱莉繼續道：

「我知道為什麼這次生病的原因了！」原來那時正值新冠肺炎猖狂的時期，幾個月內醫院裏重新做了多次調整，以便更充裕的配合心肺病人的需要。凱莉的部門也不例外，每次調整的結果是工作量加多，每個人都被分配了更多的工作還有更多的規矩要遵守。她本是喜愛她的工作，但是繁瑣的規定和更加不穩定的工作時間，令她變得格外緊張煩躁，不久這些症狀就出現了。

堵塞的情緒如何誘發憂鬱症

剛才我們提到不要自己摸索去修水管，如果水管不通，還是需要找專業人員能幫助你事半工倍的把水管修好。我們來說說情緒的管道。

試想從出生，每一件發生在身上的事都帶給我們情緒，它們都被積存在了我們的記憶裏，不論好的事或不好的事。每一件令我們難過受傷的事，每一個令我們心痛的記憶，都卡在這條情緒的通道裏。這裏有我們對自己負面的看法，有受傷的自我價值和被貶低的自我；這些阻塞物隨著我們的成長而加大。有一天，一件沒有料到的大事發生了，它產生了巨大的壓力使我們覺得沒有辦法承受；這件事造成了大塊的堵塞物，這下子管道真的被堵死了，這就是憂鬱症症狀發作的原因，而這最後的那片大堵塞物就是觸發的誘因。

　　引發憂鬱症的誘因有千百種，但大部份都是起因於以下的原因：

- 失去摯愛、生離死別。
- 極大壓力的事件。
- 家族歷史。
- 生產（產後抑鬱症）。
- 孤單感。
- 酒精和藥物。
- 疾病，特別是慢性病纏身。

憂鬱症說穿了就是一個人被他／她目前的情緒壓力所打擊著；這份壓力強大到把這個人推倒，並且一遍又一遍的惡性循環著。稱這種情形為「惡性循環」一點都不誇張，因為在這裏，所有的一切都變成負面的了。例如負面的思想、自毀的行為、負罪感、羞恥、岐視、恥辱、腦裏神經化學上的不平衡等等，這些因素互相作用，加強了它們個別的力道，成為一個循環核心，使它強有力的自轉著；而你，就在這些圈圈中受苦受難。

　　憂鬱症難以完全治癒，但是控制它並不困難。藥物加上心理諮商是最理想的方式。在諮商中，也許會鼓勵你做些自救的技巧，這些都能降低憂鬱症的程度，至少也能使它現在不再能折磨你！雖然下次當你又受到極大壓力的時候，也許症狀又會回來，但是基本上憂鬱症是可以受到控制而得到緩解的。

　　自救的方法有不少，端賴自己的決定。相信沒有人願意停留在這些症狀裏掙扎，那麼請你永遠不要小看了自我決心的力量。因為甚至一些日常裏正面的行為或想法都可以幫助到不平衡的神經化學反應趨於進步（註 4）。你要想像自己面

對憂鬱症這個張牙舞爪的怪獸時，不要輕易舉手投降。

有些人說憂鬱症是一種情緒上的毛病，另一些人說憂鬱症是一種精神疾患，但是如何緩解它對患者的折磨才是首要實際的需要。我只希望透過這篇文章讓你瞭解，無數的人都患有憂鬱症，在有些人的身上它消聲匿跡了，在另一些人的身上發作的時間相距長達十多年；可是也有一些人長年被憂鬱症這三個字所震攝住而無法動彈。是什麼原因使得人們有不同的反應和結果呢？真的很難說，因為個人面對壓力的承受度和面對挑戰時的態度，都能影響到結果。有時不要太依賴你的情緒也許是重點，這也是在低沉的情緒中自救的關鍵。

被憂鬱症所苦的名人們

在這裏我列舉了一張長長的名單，這些名人們都曾深深的被憂鬱症所困擾過；我相信這只是一小部份，還有更多的人們在人生的各個階段中，都曾經歷過憂鬱症的摧殘，但他們仍然突破這個病症所帶來的侷限，在各個領域裏得到了很高的成就，獲得極高的肯定。從他們的例子中，我希望你能

相信，罹患了憂鬱症仍然可以擁有一個閃亮的人生！

亞伯拉罕‧林肯 Abraham Lincoln (1809-1865) – 曾是美國的政治家和律師，曾在 1861 至 1865 年間擔任美國第 16 屆總統。他在位時正值美國內戰期間，林肯帶領國家度過了在道德、憲政及政治等極為嚴峻的危機。

安娜‧艾蓮娜‧羅斯福 Anna Eleanor Roosevelt (1884-1962) – 在 1933 至 1945 年間，她曾是美國的第一夫人，是一位著名的政治家、社會活動家、外交家及作家。

安‧海色薇 Anne Hathaway (1982) – 美國家喻戶曉的女演員。

碧昂斯 Beyonce (1981) – 美國女歌手、詞曲作家、音樂製作人、舞者及演員。

布魯克‧雪德斯 Brook Shields (1965) – 是一名美國女星和模特。自 2003 年產下第一個孩子後，罹患產後憂鬱症。

布魯斯‧斯普林斯汀 Bruce Springsteen (1949) – 美國搖滾歌手，歌曲創作者和吉他手。在他的工作中獲獎無數；包括第 20 屆葛萊美獎、兩屆金球獎以及美國話劇和音樂劇的最

高獎項的東尼獎。

凱莉・費雪 Carrie Fisher (1956-2016) – 躁鬱症 – 凱莉曾是一名美國演員，作家，和喜劇演員。她最為人知的演出是在《星際戰爭》裏演出莉亞公主一角。

查爾斯・的更斯 Charles Dickens (1812-1870) – 曾是英國自沙士比亞之後最偉大的文學及評論家，一生寫了 15 部長篇小說，大量的中短篇小說，及無數的戲劇及雜文。一位英國的老牌演員評論的更斯道：「他對寫作的熱情，那股非寫不行的衝勁，和他要表達的急切性，使得沒有任何事情能夠攔阻他的寫作。令我相信，如果他今天仍在我們中間，他一定會被診斷為雙極躁鬱症。他就是一邊奮力的寫，一邊又淚流滿面的人。」

德魯・凱利 Drew Carey (1958)– 德魯是美國著名的喜劇演員及多個遊戲節目主持人。因為對多種體育的興趣，還成為了美國國家代表隊眾多的攝影師之一。

艾利克・克拉普頓 Eric Clapton (1945) – 是一位著名的英國音樂家、歌手及詞曲作家，因其出神入化的吉他技巧，被喻為「吉他上帝」的外號。他曾獲頒 18 座葛萊美獎，在音樂

樂上的貢獻和成就頗高。

歐內斯特‧海明威 Earnest Hemingway (1899-1961) – 他曾是二十世紀最著名的小說家之一，美國的文學經典作家，曾任古巴記者。曾獲 1953 年的普立茲文學獎及 1954 年的諾貝爾文學獎。

依隆‧馬斯克 Elon Mask (1971) – 美國、南非、加拿大，三重國籍的企業家、工程師、發明家、慈善家。

赫爾曼‧梅爾維爾 Herman Melville (1819-1891) – 曾是美國小說家、散文家和詩人，也曾當過水手和教師，最著名的作品為「白鯨記。」

庵野秀明 Hideaki Anno (1960) – 是一位日本藝術家、動畫師、導演，也是株式會社 Khara 的代表董事社長。他也曾從事演員、製片、設計等多樣的工作。代表作有「新世紀福音戰士」、「飛越巔峰」等。

金‧凱瑞 Jim Carrey (1962) – 來自加拿大的美國演員，身兼喜劇演員、編劇、製片、音樂家及畫家於一身的藝術家。

J.K. 羅琳 Joanne Rowling (1965) – 哈利波特系列作者，英國小說家、電影編劇及製作人。

強尼‧戴普 Johnny Depp (1963) – 是一位美國男演員、電影監製及音樂家。曾得過金球獎最佳男主角及多項獎項的提名。

馬克‧吐溫 Mark Twain （1835-1910） – 美國的幽默大師，曾是小説家、作家及演説家。

麥克‧華萊士 Mike Wallace (1918-2012)– 著名美國記者及媒體知名人士。自 1968 年開始主持 CBS 的王牌電視新聞節目 60 分鐘，以犀利的調查性報導及其強勢的提問著名。

雷‧查爾斯 Ray Charles (1930-2004)– 美國的視障鋼琴家、歌唱家及作曲家。他是節奏布魯斯音樂的先趨，是第一批被列入搖滾名人堂的人物之一，被喻為美國靈魂樂之父。

西格蒙德‧佛洛依德 Sigmund Freud (1856-1939)– 是奧地利的精神科醫生、心理學家、精神分析學派創始人。他開創了潛意識研究的領域，促進了動力心理學、人格心理學及變態心理學的發展，奠定了現代醫學模式的新基礎，為二十世紀西方人文學科提供了重要的理論支柱。

喜妮德‧奧康納爾 Sinead O'Connor (1966-2023)– 是一位特立獨行的愛爾蘭創作歌手及詞曲作家；她以反傳統的行為

和爭議性的觀點聞名。2023 年去世時，成千上萬的樂迷們為她送行，證明她受重視及受歡迎的程度。

史蒂芬・金 Stephen King (1947)– 為美國暢銷書作家、編劇、專欄作家、電影導演、製片，及演員。於 2003 年獲得美國國家圖書獎終身成就獎。

T. 布恩・皮肯斯 T. Boone Pickens (1928-2019)– 被喻為「石油先知」的對沖基金創始人，慈善家。曾因併吞大量石油公司，準確預測油價而名利雙收。在其耄耋之年轉戰新能源，力挺喬治・布希。他曾被視為共和黨的財神爺；因推動皮肯斯計劃，又成了奧巴馬的親密盟友。

泰德・泰納 Ted Turner (1938)– 美國新聞人，世界第一個電視新聞頻道有限電視新聞網 CNN 的創辦人，1991 年《時代週刊》年度風雲人物、企業家、傳媒大亨。

泰瑞・布來德肖 Terry Bradshaw (1942)– 他是美國歷史上最優秀的四分位球員之一。曾帶領匹茲堡剛人隊於 1975、1976、1979、1980 年連續奪冠。六次獲得美國美式足球協會冠軍，他被列入職業橄欖球名人堂。

溫斯頓・邱吉爾 Winston Churchill (1874-1965)– 英國政

治家、歷史學家、演說家、作家，記者。第 61 及 63 屆英國首相。

罹患憂鬱症的不同羣體

憂鬱症故名思意就是——感到很抑鬱和無緣由的悲傷感，伴隨許多負面的感受，例如感到無望、不值得、不被鼓勵，容易被激怒，還有深深的罪惡感。

依照美國《精神疾病診斷與統計手冊》第五版（DSM-5）所述，這個病症對於各色人種、教育程度如何，經濟狀況是否充裕，甚至不論婚姻是否美滿，都一律平等對待。但一般而言，女性罹患憂鬱症的比例大過男性；這也可能因為大部份的男士不願吐露心聲，很多男性認為向別人吐露自己的掙扎是一種懦弱的行為。雖然這種情形已經在改進之中，可是目前以比例上來說，仍然很大程度的女性多於男性。

雖說任何人都可能罹患憂鬱症，但發生在不同年齡和不同的人群上仍然會有一些差異，並不是每個得憂鬱症的人都會有一樣的經歷和感受；這也成為它不易被掌握的原因。美

國國家心理研究院（NIMH）描述了五種在不同群體裏的憂鬱症：

・**女性群體：** 受到女性本身的生化反應、生活型態及賀爾蒙種種的影響，使得女性在罹患憂鬱症的數量上超越男性。在女性的族群中，最常見的是感到悲傷，沒有價值和罪惡感。

・**男性群體：** 這個群體之中罹患了憂鬱症，多數感到疲累不堪，易怒，有時也真的生氣起來；他們很可能對自己的工作或平常喜歡做的事突然失去了興趣。其中很多人會有睡眠的問題而影響到他的言行舉止，有時會很粗魯，或者尋求其它的慰藉，例如酗酒或嗑藥。許多的男性罹患了憂鬱症而不自知，因此也失去尋求專業人士幫助的機會。

・**年長群體：** 憂鬱症在年長者表現出較少的症狀，或者他們不願承認有非常傷心和低沉的感受。這個群體裏大部份的人身體上都有或多或少的疾病；要注意的是，有時候醫生所開的治療某種疾病的處方裏，有些藥的副作用可能引起憂鬱症發生。

・**年幼的孩童：** 小孩子的心裏對於低沉的心情反應，很可能他會假裝不舒服，所以可以不用上學。或者孩子會變得很黏

人,不要媽媽去工作,他自己在家則會胡思亂想,擔心很多不必要的事,甚至擔心到父母的安危。

・稍大一點的孩子和青少年:這個年齡的孩子若得了憂鬱症,很可能在學校會有些問題;他會因此生悶氣或變得易怒。他們很容易伴隨其他的毛病,例如焦慮、飲食障礙或者藥物濫用的問題。

憂鬱症的種類

・重度憂鬱症 Major Depression

重度憂鬱症是一個嚴重的情況,它是一個嚴重的危機。通常患者本人和其家人、好友等都能注意到這人有些不對勁。特徵為超過兩個星期的抑鬱心態,或對平日所做的事突然失去興趣,並且伴隨至少四種以下的症狀:

1. 沒有特意減重,體重卻下降或昇高,或者味口也有所變化。
2. 幾乎每天不是失眠就是睡的太多。
3. 日常的活動增加或突然減少。
4. 感覺疲累或覺得沒有精力。

5. 感覺自己無用、無價值；或有很深的罪惡感。
6. 專注力、思想和作決定的能力下降。
7. 不斷的想到死亡和自殺，或是有自己了結的想法和計劃等等。

　　如此明顯的發作一生只可能會有一次，小的發作則可能經常發生。

・持續性憂鬱症 Dysthymic Disorder or Persistent Depression Disorder

　　美國精神醫學學會出版的《精神疾病診斷與統計手冊》（DSM）（註 5）描述，病患具有低落性情感疾患的特徵，也稱為慢性憂鬱症。主要症狀包括患者在兩年內幾乎每天都感到情緒低落，並且伴隨至少兩種以下的症狀：
1. 降低或昇高的食慾。
2. 失眠或睡得過多。
3. 沒有體力或疲累。
4. 自卑感。
　　5. 注意力降低或難以做出決定。

6. 感到沒有希望。

重度憂鬱症和持續性憂鬱症的差別在於發作時程度上的不同。持續性憂鬱症的患者其實感受到所有重度憂鬱症的感受和症狀，但是至少兩年之內沒有發生如重度憂鬱症發作時那麼強烈的發作；所以重度憂鬱症在程度上更加嚴重。

我們在前面曾提到過，憂鬱症的發作一定有所誘因；那麼，持續性憂鬱症的患者應該想一個問題，那就是「是什麼使得我停留在憂鬱症裏那麼久？」因為至少也有兩年的時間了。這期間，睡不好，自我感覺非常糟糕；對於該做的事總感到有心無力。你的確是四肢健全，但在心理上，卻彷彿是一個半身不遂的人，而且你真的是認為沒有力氣去改變它！

這裏有一個可能性，需要你好好問問自己。也許這種低落沉重的氛圍令你覺得熟悉，因而心底偷偷感到有點舒適和安全。因為你已經在這個低沉的心態裏至少兩年了，這是一段不算短的時間，令你幾乎忘記了生命除去悲傷是什麼模樣？有時候你也不免感嘆你的世界就只這麼小，有點不甘心，但事實是，外面的世界令你感到害怕，因為那裏充滿了不熟悉和未知。有時候你甚至覺得就是這樣了，還能期望什麼呢？

憂鬱症纏身，我就是該受這個苦。所以你把自己藏在這團悲慘的氛圍裏面，一邊感嘆，心裏卻還有一絲絲的慶幸。希望你能看見此刻你正在浪費你的生命；希望你能再思考一下，這所謂的慢性憂鬱是不是你為自己的裹足不前而找的藉口？

除了這兩種佔大多數的憂鬱症之外，還有其他種類的憂鬱症是受到特殊環境所引起的：

・產後憂鬱症 Postpartum Depression

許多女性在產後產生了這種憂鬱症。她們在產前或產後經歷到重症憂鬱症一樣的發作；感到極度的悲傷、焦慮和極度的疲累。對於新手媽媽尤其影響深遠，在她們每天的日常生活裏對於寶寶和她們自己造成極大的困難和不便。

・季節性憂鬱症 Seasonal Affective Disorder (SAD)

季節性憂鬱症是一種隨著季節來來去去的病症；當在陽光缺乏的季節，就引起憂鬱症狀。因此通常隨著春季和夏季的來到，憂鬱症狀也隨之消失。冬季憂鬱症最常見的是減少社交，睡眠時間加多，還有當然就是體重也增加了。這些症

候幾乎是可以預知它將會再次發生。

· 精神病性憂鬱症 Psychotic Depression

患者有嚴重憂鬱症狀並且合併其他精神疾患。例如受到不正確卻又根深蒂固思想的攪擾（妄想），也可能是自認聽見了其他人無法聽見的某種聲音，或者看見了什麼別人看不到的景象（幻覺）等等。

· 經前煩躁症 Premenstrual Dysphoric Disorder (PMDD)

它和經前綜合症（PMS）很相像，但更加嚴重。它可以在每個月引起暴怒、抑鬱或焦慮等等的負面情緒，深深侵蝕著患者的生命，以致無法去工作，影響到社交及家庭生活甚大。有人形容罹患此症的感受，就好像每個月都在自我毀滅的按鈕上按下按鈕，然後很多不可思議負面的行為或想法就在生活裏發生。自己眼睜睜看著生活在自己眼前坍塌，被撕毀成碎片；而當這種黑暗的情形停止後，再花上兩個星期把這些碎片慢慢拼上，如此的循環不已。

它屬於一種內分泌的疾病，因為是因賀爾蒙而引起的失調。患者會經歷一連串如憂鬱症一樣的症狀，並伴有自殺傾向。因此美國精神醫學會所發表的 DSM-5《精神疾病診斷及統計手冊》，不久前將它收納於心理健康問題的列表之內，所以在這裏我們將它列在憂鬱症的種類之一。

對於此症，醫學上可以幫助。如果妳有類似的情形，請不要延遲，趕快就醫。除了藥物，生活型態的改變也經常有利於症狀的改善。飲食上，增加蛋白質及碳水化合物的攝取，減低糖、鹽、咖啡因及酒類的攝取；也許測一下維他命 B6、鈣及鎂在血液裏的濃度等等。這種病症在生育年齡的女性中並不少見，在經期來潮之前的一或兩個星期開始，妳會感到一連串負面的情緒將妳帶入風暴，這情形通常在經期來臨之後的兩到三天結束（註6）。

服用抗憂鬱藥物的注意事項：

25 歲以下，當服用抗憂鬱藥的同時，有些人反而會增加自殺的想法或傾向，特別在開始服用的前幾星期。FDA（美國食品藥物管理局）曾警告服用抗憂鬱藥的每一個人，不論

年齡如何，當服用抗憂鬱藥物的前幾週都需要非常小心。

躁鬱症 Bipolar

憂鬱症和躁鬱症兩者如此相近，我們也順帶聊一下躁鬱症。重症憂鬱症和躁鬱憂鬱症的症狀大致相同。但躁鬱症的英文是 Bipolar，這個「BI」，就是「雙」的意思。所以躁鬱症有抑鬱的一面也有高昂的一面，而憂鬱症只有一個面，那就是抑鬱。當躁鬱症高昂起來的時候，可能會發生下面的情況：

- 過度感到自信和過度樂觀。
- 容易被激怒並且雄心勃勃，很有衝勁。
- 持續很久而不感到疲倦，感到可以上天下海都不成問題。
- 自我感覺過度良好，快速誇大的想法。
- 說話速度很快。
- 思想轉換快速，天馬行空。
- 表現激動，故經常有魯莽的行為。

・妄想,幻覺。

　　前面名人表中,有許多人也有著躁鬱症的苦惱;但躁鬱症高昂時,所提供源源不絕的精力,以及天馬行空的想法,在創造力的啟動方面,它有著一定的貢獻;然而這種障礙是終身性的疾病,究竟是天才或是惡魔呢?我想造物主是公平的。和憂鬱症一樣,雖然它們治療的藥物不同,但兩者都是可以受到控制的。名人表中只列舉了一小部份的人,他們不幸罹患了憂鬱症或是躁鬱症,但他們也為我們活出了最好的見證,那就是這兩種疾病都不能將一個有抱負、有理想的人困住。

> 你可以這樣做

憂鬱症的治療

每個人對憂鬱症的經驗都不一樣,沒有兩個完全相同經驗的人,因此也沒有一體適用的治療方式。

藥物治療

抗憂鬱症的藥物可能幫助腦內控制情緒或壓力的化學成份的分泌,有時需要嘗試不同的抗憂鬱藥物,以找到最適合自己身體,最沒有副作用的藥物,就如高血壓藥一樣。這是最普遍的一種治療。藥物或者能緩解一些症狀,但若能合併心理諮商或治療則將使情況好轉很多。在諮商中,能夠傾吐所困擾的事,針對你所需要的,也許能夠學習到一些技巧或受到鼓勵,使緩解來得更快一些,瞭解到你並不是在孤軍奮戰。

心理諮商或心理治療

　　這一直是一種將不適從根拔起的方法。人們經常有這個疑問，究竟該找心理諮商或心理治療？這兩者有什麼不同？事實是，兩者在工作上十分相似，大致來說，心理治療應更加重視下意識的層面。

　　自文章開始，我們瞭解到憂鬱症是相當個別化的，所以它沒有一體適用的治療方法。不同的諮商師或治療師依照他們所學習的流派，給予病人或客戶們需要的治療。越來越多的諮商師／治療師們綜合他們所學的主要流派，再輔以其他模式，以便更貼切客戶們的需求而加以治療。這樣做，能夠跳出流派的框架，在工作上有更多的理論和模式可以運用。以我自己為例，我的主流派別是人文學派 (Humanistic)，它本身就包含了「個人中心 Person Centre」、「交流分析 Transactional Analysis」及「完形治療 Gestalt」。我後來又輔修了認知行為療法 (CBT Cognitive Behavioural Therapy) 和心理動力學 (Psychodynamic)，因此在我的工具箱裏有許多不同派別的方法和理論，使我能夠對每一位

客戶量身定作獨一無二適合他們的方法,因為每一個人都有不同的個性、傳統、文化、信念、各人的偏好及感知的方式及管道。所以,在憂鬱症的治療上,從心理諮商或治療的角度而言是沒有一定方式的。

這就牽涉到一個問題,如果我和我的心理諮商師或治療師有點不大投緣,我不大想告訴他或她關於我自己的一切怎麼辦?人與人之間是有化學成份存在的,如果不巧你和你的治療師說不來話,沒有關係,換另一位治療師試試。在諮商裏,最重要的是你要感到安全和舒適。每一位諮商師/治療師都是誠心誠意盡自己所能的要幫助你,通常經過一、兩次的諮商,你就會知道能否向這位諮商師/治療師打開心扉。

正面思想—正向的自我對話

正面思想是憂鬱症最方便的自救法。它並不是要我們忽視眼前需要擔心的事,而是要我們強調從正面的角度來看同樣的事,找出好的方法去解決它,而不只是在原地打轉。它的優點有很多,端賴我們的需要。這裏我們只談到憂鬱症的

正面思考，或正面的自我對話。

　　不知你曾否注意過，我們在內心裏不斷的和自己說話；但大多數都是負面的對話。這裏我們應把它轉換成正面的對話。當你意識到「哦，我又往壞處想了的時候」，糾正自己，往反方向去。開始的時候不容易，因為不習慣，所以需要練習。在練習的過程裏，有幾件事能夠幫助你使練習容易一點。

- 每天試著找出一或兩件美好的事或物。
- 學習感恩的心。
- 把令你開心的事簡單記錄下來，不需長篇大論。
- 學習幽默一些。
- 多和正向的人為伍。
- 多微笑。

營養素療法 (註 7)

　　威廉・華爾許Dr. William J. Walsh是一位生化博士，70年代當他工作於Argonne 國家實驗室的時候，發起了一項對於暴力行為的研究。在往後的30年間，他發展從生化的

角度來治療行為紊亂的病人，包括過動症（ADHD）、自閉症（Autism）、憂鬱症（Depression）、焦慮症（Anxiety Disorder）、思覺失調症（Schizophrenia）以及阿茲海默症（Alzheimer's Disease）等等精神疾患的病人。

自 1978 年他開始於對憂鬱症的研究，從三萬多患者的血液和尿液檢驗中得出了 2800 名憂鬱症的患者。數據顯示這 2800 位憂鬱症的患者在生化上和一般大眾有很大的不同。這個數據庫同時也清楚顯示出在病史、特徵、症狀，對何物過敏，還有他們對於藥物的反應等等資料，最後華爾許博士依據這些數據，將憂鬱症分成五種化學分類或稱生物型，分別為：甲基化不足型、葉酸缺乏型、高銅型、吡咯型、過多毒素型。

· 甲基化不足型憂鬱症 Undermethylated Depression

甲基化不足憂鬱症在 2800 名數據庫裏佔有 38%，是最大的群體，他們對於 SSRI 的抗憂鬱藥反應很好，治療上給於 SAM-e、甲硫胺酸 Methionine、鋅、絲胺酸 Serine、鈣、鎂和維他命 A、B-6、C、D、E。

· 葉酸缺乏型憂鬱症 Folate Deficiency Depression

數據庫裏 20% 的患者患有這型的憂鬱症。以下是它的症狀和特質：

這裏強調 SSRI 類的抗憂鬱症藥物的確幫助了許許多多的憂鬱症病人，他們的共通性是血清素低下，所以對於 SSRI 類的抗憂鬱藥物反應良好，因為 SSRI 類的藥物是增加血清素的作用。但也有一些憂鬱症病人經過 SSRI 類藥物的治療後反而更加惡化甚至趨向暴力，其中尤以葉酸缺乏型的憂鬱症更為顯著。因為此型的憂鬱症在本質上是腦內血清素過多所致，當然對於增加血清素傳導的藥物會有不良的反應。

因此華爾許博士特別呼籲精神科醫生們在開設 SSRI 的處方前能先做一下簡單的血液檢測，以避免葉酸缺乏型憂鬱症服用此藥後產生反效果。

· 高銅型憂鬱症 Hypercupremic Depression

此型憂鬱症佔總數據庫 2800 名患者的 17%，大多數為女性。正逢賀爾蒙變化時產生第一次發作，例如青春期、妊娠或更年期。值得一提的是，比較曾經有過產後憂鬱症的患

者和沒有得過產後憂鬱症的患者，前者體內的血清銅值明顯的升高。這些患者經過脫銅的營養素療法，體內的血清銅值降為正常，所引起的憂鬱和焦慮症狀也減輕了。

正常妊娠使得血液裏銅和雌激素大量升高，這些多出來的銅可以快速幫助胎兒的血管生成，通常在產後的 24 小時，雌激素和銅的值就開始下降。他在診療中曾遇過上千的產後憂鬱症患者，據她們的描述，她們的憂鬱症從懷孕後，立刻感受到症狀，而且持續很多年。但當她們血液內銅的水準趨於正常之後，憂鬱的症狀也得到大幅的改善。

此外另兩個型態分別是：

· 吡咯症型憂鬱症 Pyroluric Depression
· 毒素過多型憂鬱症 Toxic Overload Depression

此型在數據庫中佔 5%，大部份這類型是過多的鉛、水銀、鎘、砷等，體內積存了過量的毒素而引起的憂鬱症。

· 顱外磁刺激術 RTMS (Repetitive Transcranial Magnetic Stimulation) 和 TMS (Transcranial

Magnetic Stimulation)

　　這是一項新型科技，利用磁場刺激大腦神經細胞以改善重度憂鬱症症狀的醫療程式，也稱為無創醫療程式，因其不需手術和麻醉的屬性。常是在其他方法無效的情況之下考慮使用；目前已經獲得美國食品藥品監督管理局（FDA）以及英國的國家健康與照護卓越研究院（NICE）的認可。RTMS 和 TMS 的不同在於作用的深淺差異，目前 FDA 批準的 Argonne 項目裏，已經包括將 TMS 用於強迫症（OCD）和戒除煙癮的治療上。隨著應用科技在疾病治療上的突破，相信不久的將來，我們會看見更多可以幫助緩解憂鬱症的方法出現。到那時，憂鬱症將也許能夠得到完全治癒的一天！

縮短憂鬱影響請這樣做

無數的人都患有憂鬱症,在有些人的身上它消聲匿跡了,在另一些人的身上發作的時間相距長達十多年;可是也有一些人長年被憂鬱症這三個字所震攝住而無法動彈。是什麼原因使得人們有不同的反應和結果呢?真的很難說;因為個人面對壓力的承受度和面對挑戰時的態度,都能影響到結果。

✽ 有時不要太依賴你的情緒也許是重點,這也是在低沉的情緒中自救的關鍵。
✽ 罹患了憂鬱症仍然可以擁有一個閃亮的人生!

參考資料:
1. Siegel,D,(1999). *The Developing Mind,How Relationship and The Brain interact To Shape Who We Are.* New York: Guilford Press.
2. Goodman,S. H. & Gotlib,I.H. (1999). Risk for psychopathology in the children of depressed mothers: a developmental model for understanding mechanisms of transmission. *Psychological Review*,106 (3): 458-490.ttrat

3. Mikulincer, M., Shaver, P.,& Horesh, N. (2006). Attachment bases of emotion regulation and posttraumatic adjustment. In D. Snyder, J. Simpson, & J. Hughes (eds). *Emotion regulation in families: Pathways to dysfunction and health (pp.77-99).* Washington, DC, American Psychological Association.
Milan, S., Snow, S., and Belay, S. (2009). Depressive Symptoms in Mothers and Children: Preschool Attachment as a Moderator of Risk. *Development Psychology, 2009, vol. 45, No. 4, 1019-1033.*
Cicchetti, D., & Toth, S. (1998). The Development of Depression in Children and Adolescents. *American Psychologist, 53, 221-241.*
4. Dispenza, J. (2007). *Evolve Your Brian: The Science of Changing Your Mind.* Health Communication Inc.
5. DSM-IV, American Psychiatric Association, Diagnosis and Statistical manual of Mental Disorders, fifth edition (Washington DC: APA, 2004). And NIH, National Institute of Mental Health. www.nimh.nih.gov//health/publications/depression/index.shtml
6. OWH, Womenshealth.gov. www.womenshealth.gov
7. Walsh, W, K. (2012). *Nutrient Power, Heal Your Biochemistry And Heal Your Brain.* (P.73-93). N.Y.

男人愛哭

- 解除焦慮 7－11 深呼吸法
- 焦慮來時如何應對
- 我是一個高敏感的人
- 過度敏感就像一個敞開的傷口
- 不要輕易給自己貼標籤
- 焦慮症是什麼
- 交感神經：焦慮感的由來
- 慢性焦慮症帶來的身體現象
- 威克斯醫生治療焦慮的四個進程

容易掉淚的男人不堅強？

羅伯特剛剛過完 34 歲的生日；他前年結婚，還沒有孩子。在目前忙碌的社會裏，他和妻子都還沒準備好為人父母。兩人都希望再努力工作幾年，存點錢，畢竟小傢伙來了之後支出一定會增加的。

他和妻子的個性基本上非常不同，唯一相同之處是兩人都是完美主義者，凡事都求盡善盡美。妻子是個一絲不苟的人，做事又快又好。她在一個私人公司上班，老闆尤其喜歡她，因為她鮮少說「不」，妥妥一個刻苦耐勞的好助理。這和她成長的環境有關，她在東歐一個國家的鄉下長大，是祖父母帶大的，他們還承襲著傳統的方法務農，老家有羊羣，有農作物，妻子從小就起早摸黑的養成勤勞的好習慣。反觀羅伯特則是在義大利的一個大城市長大，他不是懶惰，只是他做事講求方法和效果，強調要用最小的付出達到最大的經濟效益，所以有些時候他會花多一點時間揣摩如何做才能有最好的效果。但這不是本文的重點，我們這裏要討論的是，

羅伯特太愛哭了，至少他的妻子認為羅伯特太愛哭，而且他有著嚴重的焦慮感。

　　至婚禮那天，當他看到心愛的人兒打扮得妥當，顯得那麼美麗優雅，他心中感動莫名，不禁熱淚盈眶，淚珠兒在眼裏流轉著，妻子的臉卻沉了下來。

　　婚禮過後妻子告訴羅伯特，她從來沒有見過任何人因為太高興了而掉淚的，只有為了傷心而哭的。所以她認為羅伯特不該在他們的婚禮上流淚……，羅伯特聽了之後啞然失笑，因為他從小就是這麼哭著長大的啊……，只要情緒稍有波動，眼淚就嘩啦啦下來了；哭對他而言是最自然的事，怎奈妻子不這麼認為。

　　忘了解釋，他們兩人是一見鍾情，並沒有經過太久的交往，可說是十分不瞭解對方個性上的不同。兩人認識後直接陷入熱戀，腦筋可能都專注在好的地方，所以從認識到結婚，她竟然沒有發現自己愛上了一個這麼容易落淚的男人！

　　這當然是她個人的偏見，在她成長的環境裏，男孩子流淚一向是軟弱的象徵；這個老式的偏見，在他們的婚姻裏有著不小的衝擊，羅伯特希望能改掉這個壞習慣。幾年裏，妻

子對他說了多次,「不要哭,我不喜歡看見你哭,這讓我心情很不好,軟弱的男人才會哭」等等的話,好像羅伯特是個如小雞似柔弱的男人。但他昂昂185公分的個子,濃眉大眼、器宇軒昂,渾身散發著濃厚的男人氣息,有一種粗獷的魅力。他的妻子一定也被他這不俗的外表所吸引,以至於沒有注意到他愛哭的毛病。

其實不該稱它為毛病,即使這個舉動和他的外表非常不搭,但這只表示了羅伯特是性情中人,感情非常豐富。從小他就愛哭,父母從來沒有禁止過他;在學校同學也都見怪不怪。總之,他從來不覺得容易落淚有什麼不妥之處,直到現在。妻子的抱怨令他不禁也重視起這個問題來,覺得好像自己因此矮了別人一截似的。

現在大部份的人都接受男人們也會掉淚的事實,也瞭解這和一個人堅不堅強沒有太大的關係。經過多次的解釋,羅伯特的妻子總算漸漸釋懷了,因此他又可以做回了自己;現在的他哭得心安理得,理直氣壯,再不需要覺得愧對妻子了!

這固然是令人感到高興的事;但不可諱言,有些場合的確是不合適掉淚的。這裏有一個方法很可能幫助那些情感充

沛的男人家們；如果你認為場合不適合你掉淚，不妨試試 7-11 深呼吸法。

解除焦慮 7-11 深呼吸法

　　7- 11 深呼吸法是一種專門針對焦慮、恐慌或憤怒而設計的一種深呼吸法，非常簡單但功效頗大而且適用範圍很廣的一種深呼吸方法。我建議羅伯特一旦感到情緒激動，可以先做深呼吸，做個 5 個回合，情緒應該就能平穩一些了。

　　方法是：

　　深度吸氣，腦裏數 1 到 7，等肺裏吸滿了空氣時靜止 3-4 秒，然後開始吐氣，同時腦中數 1 到 11。盡量把肺臟裏的空氣壓出去，當肺裏沒有空氣了，再靜止 3 -4 秒鐘，如此是一回合。 然後重新吸氣………每次反覆做 5 個回合，做完後停下檢查一下感受如何，如果情況仍不理想，再做 5 個回合。如此反覆的做和檢查，直到症狀好轉。吸氣時用鼻子，但呼氣時最好用嘴。把嘴唇嚝起來，好似有根吸管在兩唇之間似的，這樣會較容易控制呼出量的大小。

這個深呼吸法能在很短的時間內降低焦慮的程度。它的適用範圍很廣，甚至對失眠也很有效果。我以前有一位客戶要去旅行，人已經坐在機艙裏，飛機正要起飛，他的恐慌症卻突然發作。瞬時間感到心跳突然加速，喘不過氣來，隨著隆隆的起飛聲，越來越感到不適，心臟此時好像移到了喉嚨，咚咚咚的在喉嚨深處竄跳，彷彿要昏過去了似的，忽然想起在諮商過程中學到的 7-11 深呼吸法，趕緊用上；幾個回合之後他驚奇的發現呼吸竟然已經平順多了，恐慌的症狀也很快減低了很多。

焦慮又敏感

　　羅伯特從小就很焦慮，每件事他總是想很多，又多慮又敏感。以前的他不愛理人，父母有自己的問題要處理，對他們兩兄弟相當放任。他記得小時候總是跟在哥哥後面，哥哥到哪，他就跟到哪。在南歐朗麗的晴空裏，兩兄弟和他們的朋友們，雖然住在城裏，仍然上山下海無處不去。本該養成豪爽健朗的個性，怎奈他天性敏感，對於那些哥哥的朋友們，

也沒有一個能走入他的內心世界。他只是一個小跟班，他的世界裏只有他自己一人，沒有人知道他其實非常不安。直到上高中，羅伯特有了自己的一群朋友，他們會一起喝酒，一起飆車；他常常喝得爛醉，腦子裏充滿了各種稀奇古怪的想法。他自己形容，當時根本不知道為什麼活著？活著有什麼意義？幸好他的朋友們也都是善良之輩，當地民風也仍是十分純樸，因此沒有機會染上惡習；但真的是渾渾噩噩的沒有方向。他一沒事做就剝指甲、啃手指，一直到我們見面，還經常看到他的手指甲週圍紅通通的。

他自己在摸索中朝著自認為正確的方向在人生的路上往前行，路上遇見了一見鍾情的女子，他追求，很快結成連理，然後兩個人都發現對對方的瞭解太少。羅伯特的妻子原生家庭也不完美，她因此帶著自己的包袱和本身也有包袱的羅伯特建立了家庭。兩個有各自包袱的人建立的婚姻，需要極大的耐心和包容，非常不容易一帆風順。其中的磕磕絆絆直到融合在一起，需要一個漫長的過程。

其實，我們都是這樣長大的。很多事以前不懂，父母也沒有察覺到，或者他們也不懂，父母們也是這樣長大的。一

代接著一代，人們從孩童長大至成人，不知道的地方仍然不知道；每個人都在生命的洪流裏翻轉滾打，希望找到一個好一點的方法，可每每碰得鼻青臉腫。很多時候一些小技巧，的確能幫助我們對待某些事情輕鬆一點，使我們事半功倍。以下我們來談談該如何面對焦慮。

找尋焦慮的根源

焦慮是本世紀和憂鬱症共同名列第一的心理疾患。如果你意識到自己非常焦慮，練習 7－11 深呼吸法是最首要做的事；如此練習 3-5 個回合，停下來觀察一下，症狀沒有減輕的話再做 5 個回合，如此直到症狀減輕。通常它能在短時間內幫助你平穩下來。

如果想從根本停止焦慮，則需從它的源頭著手。我們先要瞭解焦慮是由幾種負面情緒所組成的，比如擔心、害怕或是想避免什麼事或見到什麼人等等。所以不妨問問自己三個問題，拿張紙把每個問題的答案寫下來，然後自己分析每一個問題看看有沒有解決的方法？ 頭腦盡量靈活一些，告訴自

己一定能夠找出解決的方法。

　　很多時候感到焦慮是因為根深蒂固的觀念,把自己圈在一個固定的範圍裏,認為非要怎麼做才行。這證明了打開自己的思維,有所彈性,不要侷限自己;試著從不同的角度來看問題,你會感到其實有更多可行的方法。在分析問題的同時放鬆心情,告訴自己天不會塌下來,總會找到方法解決的。

　・問自己的三個問題:
　　1. 我在擔心什麼?
　　2. 我在害怕什麼?
　　3. 我在逃避什麼?

　　也許每一個問題都有很多答案,把它們全都寫下來,一個一個的分析,你會發現很多問題是重覆的。再過濾一下,真正的問題就顯現了;你滿腦子的擔憂,結果發現始作俑者竟然只是一、兩件事引起的。

　　明明下週要交作業,偏偏一點都不想動它;可是又知道時間所剩不多,這時你心裏的焦慮指數一定升到了頂點。此時的你其實很忙,因為焦慮,你的腦筋完全閒不下來。反應到你的行為上,你會發現自己這裏做一點,那裏摸一下,腦

袋裏的思緒像匹野馬似的四處亂竄，你寧可去掃地，把書架上的書重新排一遍；去澆澆花，逗逗貓，周遭可做的事都做完了，就是避免去碰觸那件真正需要做的事，心裏感覺像是吊在半空中。這是一種不安，雙腳無法觸地，非常不踏實的感覺。經過分析上面的三個問題，也許能夠幫助你從一團籠統模糊、不著邊際的情緒裏找出問題的核心。

如果經過分析，你瞭解到是因為對這個主題不擅長，所以想要逃避寫作業。那麼不妨勉強自己坐下來，開始著手寫作業，即使心裏覺得使不上勁，但你仍然可以針對這個主題多做一些研究。你會發現，在做研究的當兒，焦慮已經消失得無影無蹤了。所以對付焦慮，面對它，去做它，是一個不錯的方法。

有時強迫自己是必要的，因為更多時候莫大的焦慮情緒是因為你一直拖著不做而引起的。

・拖延的壞習慣

　　這是每個人都很熟悉的壞習慣吧？「拖延症」指的是一種自願推遲某事的行為，儘管自知這樣做將帶來負面後果。從日常瑣事到重要任務都可能發生拖延的情形，這是一種和焦慮有直接關聯的症狀。許多人發現當面對一個龐大的工作時，心裏的恐懼使他們感到焦慮，擔心這個工作如此繁瑣，怕自己無法勝任此事，或擔心沒法做得完美，因此不願去面對它，選擇逃避。這就造成拖延，你又明知必須把它做好，這下焦慮感就來了。越逃避，越感焦慮。習慣性拖延除了焦慮也會引起睡眠障礙而影響生活品質，甚至誘發注意力不足的過動症（ADHD）其實就是長期焦慮造成的。

　　如果因為工作太龐大，令你不知從何下手而心生逃避的話，也許可以試試把這個大項目分成幾個小項目來做。分開來每天做一點，幾天之後一個小項目就完成了。如此一小份一小份的做，不多久整個龐然大物就完成了。總之，不要自己嚇自己，以致感到無法動彈。

　　靜下心來，思考一下拖延對你造成的負面影響？什麼原因是造成這個壞習慣的？此刻可能只有正向思考鼓勵自己，

重新訓練你的大腦，做出和往常拖延的時候不一樣的事，才能打破這個負面的循環。記得，只有你能打破這個負面的循環；唯有當你對這個壞習慣所帶來的負面影響深惡痛絕，你才能下定決心改變。

・專注在當下

羅伯特對很多他需要改變的地方時總是說：「不可能，我做不到！」這句話在我們諮商的初期，幾乎是他的口頭禪。他有多想多慮的傾向，而他很固執的認為自己天生如此，根深蒂固，是不可能改變的。我問他：「你喜歡活在這樣的情況裏嗎？」指他天馬行空的思維，往往把自己固鎖在一個定點上，弄得自己無法動彈而言。他有幾個想了很久的計劃，可是遲遲沒有動作。所說的話，所想的事，過去的事件佔了很大的比例。如果你常常陷入對過去事情的思緒中，應該要有所警惕，因為那等於是在浪費你的時間，你的生命。

如果把你面前的時間分成三份，將會是這樣的圖表：

過去 ▶ 目前 ▶ 未來

過去：不論在「過去」發生了什麼事，吃了多大的虧，受到多麼大的傷害，或犯了什麼樣的過錯，甚至因為無知而傷害了別人。只要盡你可能的去彌補它，學到了功課，就應該把它放下，不再糾結，而把心思放在「目前」，才是最重要的。

未來：「未來」是建立於你如何處理「目前」而決定的，所以不用花太多時間去思考將來要如何如何。我並不是鼓勵沒有計劃，而是認為對於未來，有一個大約的方向即可，細節也許可以省去。保持一個有彈性的心境，在過程中隨時適度的修正調整。瞄準方向，腳踏實地的做好目前的每一件工作，如此，你的未來必定不致太差，因為如何對待現在，直接關係到未來。

目前：這應該是你大部份的時間精力所用的地方。你也許會說，這些我都知道，但我就是沒有辦法控制我的思想，它想漂哪就漂哪裏，我一點都管不了！這句話聽來很有道理也很無奈，但是你未免太小看自己了。你就是自己的主人，這件事也唯有你能夠幫助自己！記得以前我們所提過的「對自己

說正面的話」嗎？這時候就派上用場了。首先要相信你有這個能力，能力是越用越足的，越不用它，它是會因為無用武之地而萎縮的。我希望這本書能激起你心中對自己的肯定，在你裏面，造物主已經放入了無限的潛力，你要給它機會，使它經過鍛鍊而長大！珍惜目前所擁有的時間，即使強迫自己也在所不辭，因為日後你會感謝自己的。

・以緩慢的速度朗讀

　　這是一個實際的例子；如果你深受焦慮所苦，這裏還有一個方法，是以朗讀的速度來降低焦慮。有些人說話走路都很快速，因為焦慮的內心趨使，做什麼都是快節奏。我會要求他/她在家裏練習朗讀。選一本自己喜歡的書，一段一段的朗誦，必須自己能聽見自己朗讀的聲量，慢慢的唸出來。如果不刻意放慢速度，我們每個人每秒鐘大概可以唸三或四個字，這種速度太快了，要以一秒鐘讀兩個字的速度來唸。如果覺得困難，可以用節拍器來輔助。當你唸完一篇文章之後，你會感到前所未有的放鬆！這是值得一試的方法。

我是一個高敏感的人

九零年代依蓮・艾容博士（Elaine N. Aron Ph.D.）提出了「高敏感人格」的概念，指出這輩人的感知能力較強，對外界刺激高度敏銳，接收來自外界的資訊容易深入處理，容易受到外界刺激；對光線、氣味或聲音也極度敏感。世界上有高達 1/5 的人口都擁有高敏感的特質，表示這是一個廣大的人羣。它所擁有的特質多半是正面的，但也同樣有著一些負面的特質，例如龜毛、吹毛求疵、多想、多慮、易感等等，有時這種特質蠻累人的，

這不是疾病，而是一種心理傾向，因此不需要治療。但這輩人在面對人際關係時因為過度敏感，經常產生額外的壓力，心理諮商或治療在這方面可以幫助到你。

如果不是妻子的苦口婆心，羅伯特至今也不會來到諮商室。他自認為自己除了愛哭一點之外，其實形象良好。他的確是一個善良的人，但是在諮商中，我發現了他和妻子之間互動的破口。我們針對這方面的問題討論，但他每每強調自己是一個敏感的人，到了一個地步，幾乎讓我感到「敏感」

一詞似乎成為他的一個屏障。他隱身在這個屏障後面，你說你的，一切都和他沒有關係似的。我想這時候，這些實際的話語並沒有達到他的大腦，他從他的帳幕後面望向前，和現實之間是有一些距離的。他認定自己的某種想法或看法是根深蒂固，不可改變的。

「因為我的感受非凡，我不大可能去做一般大眾都做的事，因為我的感受和一般人是不同的。」這也許是高敏度人羣需要自我提醒的地方，以免固步自封，限制了自己。

過度敏感就像一個敞開的傷口

如果從自我狀態模式（Ego States）來看待敏感一詞的話，敏感應該歸屬於兒童的狀態 (Child Ego)。所有的情緒都是恩賜，它令我們的生命更加多彩多姿，但是過度敏感就不是一種令人欣喜的心態了。身為一個過度敏感的人並不好受；在情緒上，別人的一句話或一個眼神，往往令你抑鬱半天。擔心別人怎麼說你、怎麼看你，懷疑東懷疑西，往往和多想多慮聯合一起，綁手綁腳的令自己不知所措。

想像一下你如果手臂上有一個傷口，沒給它擦上藥膏，用紗布包紮起來，反而讓它曝露在空氣中。這時稍微強大的風吹過傷口，都會感到疼痛無比，更何況有時候不小心碰到了傷口，那更是痛徹心扉！這個沒有包紮的傷口其實是過去負面的經驗，這陣風就稱為兒童狀態，而包紮之後的傷口，因為你能退一步以成人的狀態來思想，無形中形成一層保護層，傷口就不至於那麼疼痛了。所以嚴格說起來，成人狀態（Adult Ego）其實是一張保護網。所有為他人著想，把事情思想得合理化等等的行為，都在保護你的傷口不至那麼直接的曝露在外，遭受風吹日曬雨淋的待遇。而且在練習行使成人狀態的同時，你的自我內心得以趨向成熟的方向而成長，而當你的內心更加成熟時，你就離「過度敏感」越來越遠了。我記起一位心理大師在他的書裏寫道：「一個心理成熟的人是經得起把自己當成笑話的」。這種想法對於一個高敏感的人是難以想像的，因為他非常容易在經過幾次的受窘之後就把自己藏起來了，所以這種情形也許根本沒有機會在你身上發生，而這正是你該努力的方向。事情沒有對或錯，端賴於你自己喜不喜歡這種態度，喜不喜歡這樣過你的日子？如果

不喜歡，那麼練習成人狀態應該是非常必要的。

不要輕易給自己貼標籤

今日的網路資訊十分發達，許多人心裏有了疑問，都是馬上從網路上找答案。往往在心理健康方面，一邊看一邊比較，認為網上解釋的就是自己了，輕易的就把這頂帽子往自己頭上戴。所以我們經常聽見人們介紹自己時會提到「我有焦慮症」或「我有恐慌症」等等。然後你會因自己所認定的毛病而特別注意這個毛病的種種徵象，結果是，不多久可能你就真的罹患這個毛病了。如果任何人看了網上的文章而對自己的行為想法有些疑惑的話，最正確的方法是找精神科醫生診斷。他們有對此症的專門知識，也有相關需要的試卷可以作測驗。確定了你有否這種病症，然後會有治療的計劃。如果測驗結果表示你並沒有所疑惑的病症，那麼恭喜你，從此把注意力專注在目前的事情上，過好你的日子，不要再三心二意的懷疑自己。

類似情況也出現在星座和血型的研究上。這些社會科學

用的都是統計的方法，大約歸類出一個數目，大眾大可不必把自己的個性往任何特定的框架裏塞。其實任何一個人內心的轉折，比起這些統計學的研究不知複雜了多少倍；每天出生的人中都有善良的人和歹人，都有愛哭和不愛哭的人，都有安靜和呱噪的人。人類是有趣的，天生的基因之外，我們極大的影響力來自於生長的環境以及自我覺察的自覺能力。在心理學上，我們盡量不往病人身上貼上某某病症的標籤；同理，我們也不該往自己身上貼上任何毛病的標籤。

焦慮症是什麼？

由於羅伯特深受焦慮和敏感所苦，這裏讓我把焦慮症介紹更完備一些，使各位讀者對這一個極為普遍的病症多有瞭解。尤其介紹由克萊爾·威克斯醫生 (Dr. Claire Weeks) 所著的書，其中提到她治療焦慮症病人所用的方法，我認為值得一試。

首先我們要記得，焦慮是一種當人們遇見壓力的事件時，非常正常的一種反應。它是我們的自然防禦系統觸發了一種

基於生存的戰鬥／逃跑／凍結反應的結果。這是一種不由自主加上反射性的機制，以幫助我們對付突發事件而產生的自然反應。

自律神經系統中的交感神經～焦慮感的由來

自律神經系統是不受意識控制的神經系統，掌管全身的血液循環、內臟器官和免疫賀爾蒙等三個系統。人體的呼吸、心跳、體溫、排汗、生殖和分泌等功能，都是由自律神經掌控的。它包含有交感神經和副交感神經這兩大主角，而這兩大主角的作用恰恰相反，交感神經負責消耗身體能量，副交感神經負責保存身體能量，讓身體休息；交感神經會促進腎上腺素的分泌，在人類遇見突發事件時，引起所謂的戰鬥或開逃的反應。

健康的自律神經系統應是兩者保持平衡的狀態；如果在該興奮的時候無法興奮，該休息的時候又不能休息的話，長期下來，兩者之間的協調性就產生失衡，而引發自律神經失調。它的症狀和焦慮症有重疊的地方，但兩者是不同的疾病。

基本而言，自律神經失調可能是一種生理上的疾病，而焦慮症是情緒上的病症。

慢性焦慮症帶來的身體現象

當焦慮變成每天都發生的事，而且進行了至少六個月之久的話，就成為了「慢性焦慮症」。這些患者不但每天都陷於一種不安定的情緒中，令患者非常不舒服之外，它也對生理和心理帶來很負面的影響。

例如因為情緒緊張而緊繃的肌肉，造成頭痛或偏頭痛，或腸胃道的問題，如胃酸逆流或如潰瘍性結腸炎之類的毛病。它更可以影響到我們的免疫系統，讓我們動不動就感冒、過敏或老是覺得肚子有問題等等。焦慮也會讓人感到發慌、想吃東西，所以經常會塞下一些高熱量不健康的零食，而引起肥胖、心臟和血管方面的疾病。總之，焦慮對於健康所產生的直接和間接危害是不容小覷的。

除了生理上的影響，它對心理上的負面影響也相當有殺傷力。由於長期的焦慮，在心理上產生了一種持續性的壓力，

令人們無法集中精神，而使得記憶力減退等等，但最糟糕的是它會令人喪失創造力。如果你的工作需要仰賴創造力，那麼無疑的，這將給你帶來更大的焦慮感。這時你可能變得易怒、挑釁、隨時有暴發的可能。在人生路上軟弱的當兒，很可能去尋找一些代用品而和酒精、毒品等沾上關係。總之，往下坡的路上只有更糟，沒有最糟。

這樣過了幾星期，就可能進入「過度興奮」的階段。這表示我們對一些最輕微的小事也反應過度；因為長期處在緊張的狀態之下，使得我們變得神經兮兮。這時，即使一聲突來的聲響，或從他人而來最輕微的批評，都能讓我們勃然大怒，因為我們的身體持續的在分泌腎上腺素，全身的武裝機制都已開啟，令我們變得過度敏感了。如果這種情形持續下去，我們的身體為了保護自己將會選擇「全然關閉」，這就是因焦慮變成憂鬱症的情形。此時由於自身的化學變化，將使你難以只靠自己的力量從這情況中脫出；借助藥物治療和

| 男人愛哭 |

心理諮商的幫助也許成為必須的方法。所以，如果你此刻注意到自己感到焦慮，或者注意到你有意無意的逃避遇見什麼人，去什麼地方，或刻意避免什麼情況發生的話，就應該要對自己多加關注了。

感謝我的導師 Dr. Alan Priest 提供這個部份的資料

> 你可以這樣做

威克斯醫生治療焦慮症的四個進程

克萊爾・威克斯醫生在她所著的《給你神經的必要幫助》(Essential Help For Your Nerves) 一書中寫到她治療焦慮症病患的方法；她運用面對、接受、漂浮、讓時間過去，四個階段來幫助焦慮症患者痊癒。她在書中首先解釋了身體神經系統的作用和方法，然後談到人的焦慮感絕大多數都是起因於「恐懼」。如我們先前所述的引起焦慮的原因裏包含了擔心，恐懼，和逃避等相同；她以精神科醫生的專長解釋這四個階段的必要性。威克斯醫生已於 1990 年去世，但多年之後，她的家人仍然收到從病人的來信感謝她，因為他們從威克斯醫生所寫的書或卡帶中（那時期只有錄音帶）獲得到很大的幫助。

威克斯醫生提到焦慮緣自於情緒上的疲累；當一個人因為某種強烈的情緒，特別是恐懼這類的感受，使得我們的神經系統長期浸淫在這種壓力中。這樣的壓力使得神經的靈敏度和強度都增加了，這種「喚醒」的結果透過敏化作用

（Sensitization）使得我們的神經從緊繃的狀態到生病的狀態，特別表現在焦慮的現象上。

　　神經被強烈的敏感化，能夠影響到身體功能的運作。人們在感到焦慮的當下，鮮少會聯想到是神經系統的關係，多半都是陷入有點困惑又擔心症狀發作起來要怎麼去面對的困境，她稱這種情況為「恐懼→腎上腺素分泌→更多的恐懼」的循環。這是一個關鍵之處；是許多人明明處在簡單的敏化作用中卻因沒有注意而跳過這裏，使自己變成了複雜的緊張性疾病。

　　前面介紹過交感神經，如果形容它是腎上腺素的釋放者並不為過。在生理學裏，交感神經的作用遠大於只釋放腎上腺素，可是如果單單以焦慮的角度而言，它的確是的。

　　當我們感到害怕、緊張的時候，交感神經自動就會分泌腎上腺素，使我們的心跳加速、呼吸變得淺而快、肌肉變得緊繃，這些現象都是受了腎上腺素的影響而發生的，也就是前面所提的戰鬥／開逃的模式，我們靠意識是無法左右的。

　　正如一個人落水後，越是掙扎，反而沉得越快一樣的道理。焦慮的發生，這個經驗一定是非常難受，令人難以忘記的。但如果將注意力放在如何避免下次再發生，就因為這個

關注令你緊張，無形中將自己再次推進敏化作用中，讓自己的敏感度再加上一層。你能想像結果會如何嗎？當然是越陷越深，令你痛苦萬分！所以威克斯醫生寫道：「對於敏感度高的人，不要害怕是個關鍵；不要害怕的心態將能治癒你的焦慮。」

如何做到不要害怕？

・面對 Facing

「面對」意謂著你瞭解痊癒必須來自你自己；勇敢的去面對任何令你感到害怕的事。在過程裏的每一次經驗，都對痊癒有著深厚的影響。不要因為焦慮發生時的症狀感到不好意思；不論是它令你臉紅耳赤，喘不過氣來，或甚至在公眾面前嘔吐等等平常不會發生的事，但在焦慮的當下，你沒有時間或精神去注意到它或忍住它。絕對不要因為它讓你發窘而逃避不去面對它（例如因為怕嘔吐而避免搭乘大眾運輸工具）。你逃避的結果也許能幫你躲過幾次出醜的機會，但是它最後將加重你的恐慌。

你要有這樣的打算：「我不在乎，不管是現在要發生或待會兒會發生，我不再在意了！我能應付得來」。說穿了就是習慣它；一件事當你習慣之後就沒有什麼大不了的了。如果常常在車上會嘔吐，那就讓自己吐出來；只要出門前準備妥當，備好塑膠袋和衛生紙，嘔吐的時候盡量不去影響到別人，真的沒有什麼大不了的。

這種對待症狀發生時的態度是緊張性疾病痊癒的要素，所以面對它，然後接受它，不要抗拒，不要掙扎是第二個步驟。

・接受 Accepting

「接受」意謂著讓你的身體放鬆；並不是要你無視所擔心害怕的事，而是知道它是你的一部份，不特意去抗拒它。就像小草當風吹過的時候會適當的彎下腰來一樣。由於你沒有抵抗，反而使腎上腺素的分泌減少，所產生的緊張症狀也減輕了。如果這時你抗拒的話（例如乘車前擔心會不會暈車而感到惶恐），反而會刺激腎上腺素的分泌而令你越加感到緊張和無措。其實最令人害怕的症狀莫過於恐慌。對於一個高度敏感的人來說，這種反應可以來得又快又猛。因為緊張加大了敏感性，而加大的敏感性令你更加恐慌。

經常發生的情形是，一個人已能面對他的狀況，正進入到第二階段所說的接受，但當他的症狀沒有消失的時候，他馬上再度回到焦慮的狀態。因此威克斯醫生特別強調，我們的身體是需要一點時間來建立「接受」，以至得到所帶來的平和心態。就如一個人的緊張和焦慮也是經過一段時間累積而造成的一樣。

　　不要期望從別人身上得到支援，真正的平和唯有從你自己的內心得到；這關乎到你對這些症狀的態度以及當這些症狀發生最糟糕的時候，你是怎麼接受它，處理它的？試著甘心樂意的去接受它，唯有這樣，你才能向前行。否則前進的力道會被你可有可無的心態往後拉，結果是在原地踏步。真實的接受是面對它，放輕鬆；準備好它不會像變魔術似的立刻變不見，而是要花點時間的。自動自發的面對它。告訴自己，即使恐慌再度發生也沒有關係，我已經不在意了，這才是真正的接受它。

・漂浮 Floating

　　威克斯醫生對焦慮症的獨特看法表現在不贊成從童年創傷或過去的經驗裏尋求原因，她認為這是浪費時間並且有時

會適得其反。因為患者越掙扎,將越刺激腎上腺素的分泌,對患者沒有好處。這當然是她個人經驗的所得;在心理治療上,很多項目是見仁見智的。只要有豐富的治癒經驗,方法就是可取的。

　　第三階段的漂浮,著重在許多情緒緊張的患者是超級緊張,他們無法瞭解這種超級緊張影響到他們的想法和做法,已經到了癱瘓他們的地步了,也或者知道了嚴重性,卻不知道怎麼改變?他們也許想用更嚴厲的方法去強迫自己接受某種想法或去做某件心理抗拒的事,但這種「強迫」正是問題的所在。因為強迫產生壓力,惡性循環的結果是在你原本感到恐慌的事情上再加上更多的恐慌,直至你恐慌到無法感受更多的想法;這時你基本上已經失去應有的感覺了!

　　如果一位患者,當他感到因緊張而癱瘓的時候,能以漂浮代替強迫的話,將得到完全不同的結果。漂浮如眾所週知,不要用力,不要掙扎,放鬆,再放鬆。你可以想像是漂浮在美麗宜人的湖水中或綠油油的草地上,練習 7-11 深呼吸,腦裏不要想事情。以這種平靜的心情替換戰鬥的心情,你能看見其中的差別嗎?

　　你可以這麼躺著,讓身體天然的自癒能力來撫慰你過度

敏感的神經；只要你不再用好奇的手指去挑開快結疤的傷口。戰鬥是折磨人的，令人疲憊；而漂浮，把一切的壓力都拋開，和前者是完全相反的態度。這也許不大容易，但做些努力，不要氣餒。

・讓焦慮的時間過去 Letting Time Pass

在漂浮中靜靜等待，等待這一陣波浪過去。痊癒需要時間，但人們經常沒有耐性；沒有耐性就產生壓力，而壓力正是痊癒最大的敵人。常常有人問醫生，「我的毛病多久能好啊？」

當你不再被以前感到焦慮的事所困住時，你身體的力量增加了，你的靈性相對也提高了，於是樂觀和自信又回來了。其實就是在足夠的時間下漸進式的使痊癒成為可能。在這個過程中，在正面的漸進式中，在不知不覺中，痊癒就發生了。這時要注意，你是否如許多患者一樣，期望痊癒能帶給你在患病之前就已經失去了的平靜呢？這是不大可能的哦！我要提醒你，這可能是你對於焦慮症的痊癒有不切實際的幻想。如果因為任何原因而使得情緒不穩，即使焦慮的情況已經改善了，內心還是無法平靜的。你要找出令你不安的源頭，這

時不妨找心理諮商師好好的談一談，也許能幫助你找回久已失去的平靜。

很多患者試著強迫遺忘，希望能提早復原。但在緊張性疾病裏，任何事都無法去強迫。唯一的方法是去「接受它」，接受一切平常所想的。就是說，應當盡可能的去想自己和所患的毛病，知道這只是被情緒上的疲累所帶出來的一種習慣吧了，沒有什麼大不了的。

痊癒的關鍵不在遺忘，而是不再把它當回事了。如果你接受了自己的毛病，也給了自己時間去經歷它，那些令你感到害怕的反應都會漸漸變成平常化，因為你不會再因為發生緊張和焦慮而感到大驚小怪。這時你就重新得到了平衡，症狀消失，是需要時間的。

威克斯醫生的這四個步驟幫助我們了解放鬆的重要性，以「接受」代替「強迫」，避免越掙扎越掉得更深的惡性循環。因為「強迫」雖然是大眾的一種防衛機制，但在這裏卻產生反效果。我個人認為這是一個很不錯的方法，當如此多的人們都為焦慮所苦的當下，這個方法值得大家瞭解並且實踐。在文章開頭介紹的 7-11 深呼吸法，適用於這四個階段中的任何階段。

當焦慮來臨時你能為自己做的事

❋ 7-11 深呼吸,讓自己放鬆,避免更加緊張而刺激分泌更多腎上腺素。

❋ 告訴自己沒有什麼,不用太在意。

❋ 面對、接受、漂浮、讓焦慮的時間過去。

❋ 所有的情緒都是恩賜,它令我們的生命更加多彩多姿。

媽咪的鏡子
寫給每一個人的情緒察覺書和自救法

作　　　者	林孝威
總經理暨總編輯	李亦榛
副總編輯	張艾湘
特別助理	鄭澤琪
封面設計	點點設計
內文設計	何仙玲

出　　版	風和文創事業有限公司
電　　話	02-27550888
傳　　真	02-27007373
網　　址	www.sewwthometw.com
Email	sh240@sweethometw.com
地　　址	台北市大安區光復南路692巷24號1樓

總 經 銷	聯合發行股份有限公司
電　　話	02-29178022
地　　址	新北市新店區寶橋路235巷6弄6號2樓

印　　刷	晨暄有限公司
初版一刷	2025年4月
定　　價	380元

PRINTED IN TAIWAN 版權所有 翻印必究
※ 本書如有缺頁、破損、裝訂錯誤，請寄回本公司更換。
PRINTED IN TAIWAN 版權所有 翻印必究
(有缺頁或破損請寄回本公司更換)

國家圖書館出版品預行編目(CIP)資料

媽咪的鏡子 : 寫給每一個人的情緒察覺書和自救法/
林孝威作. -- 初版. -- 臺北市 : 風和文創事業有限公司,
2025.04
　面；　公分
ISBN 978-626-98640-8-9(平裝)
1.CST: 情緒管理 2.CST: 心理衛生 3.CST: 生活指導
176.52　　　　　　　　　　　　　　114002522